NCS 기반의

최신항공예약실무

양정임 · 장양례 공저

Flight Reservation Practice

백산출판사

머리말

관광과 학생들이라면 누구나 한 번쯤 항공사 지상직 업무나 여행업에 대한 관심이 높고 관련 분야로의 취업의 꿈을 꾸었을 법하다.

이러한 관련 분야로 취업의 꿈을 실현하기 위한 업무과정 이해를 높이기 위해 현장실무업무에서 가장 기초적으로 습득해야 할 시스템이 CRS(Computer Reservation System)이며, 이는 항공사는 물론 여행사 조직 내에서도 관련 지식·기술·소양이 매우 중요하게 여겨지고 있다.

특히, 항공예약업무는 유통채널 확대로 인해 항공사 지상직 직원은 물론 여행사 카운터 부서 및 담당 O·P업무까지도 확대되어 여행객들에게 항공 스케줄 예약과 다양한 부대서비스 업무까지 정보를 제공하는 업무로 전문화되고 있다.

이에 전문 교육기관에서는 해당교과목을 통해 항공예약업무에 대한 지식·기술·소양을 함양함고 있으며, 본 교육을 통해 관련 항공사 및 여행사 카운터부서에 근무할 수 있는 자격요건을 갖추게 된다.

이에 본서에서는 관광학과 전공 학생들이 항공예약업무 중에서 가장 기본적으로 배워할 내용들을 총 10장으로 구성하였으며, 전체 목차는 다음과 같다. 제1장 항공예약업무의 이해하기, 제2장 예약시스템 접속하기, 제3장 항공예약의 기초 다지기, 제4장 PNR 작성 및 수정하기로 구성하였다. 제5장에서는 Fact Element 작성 및 수정하기, 제6장은 PNR 작성을 완료하고 조회하기, 제7장에서는 그룹관광객 예약을 위한 단체예약하기로 구성하였다. 제8장 항공사의 가입 Level과 처리 방식 이해하기, 제9장 PNR Split와 Queue 이용하기, 제10장에서는 기타 여행서비스 예약하기로 구성하였으며, 각 장마다 연습문제 등을 포함하였다.

이는 NCS 기반의 현장업무 교육을 배우는 학생들이 각 장마다 배우는 전반적인 이론 습득은 물론 충분한 연습문제 실습을 통해 현장 실무적용능력과 항공예약 자격증을 최대한 취득할 수 있도록 고려하였다.

특히, 2014년부터 새로이 실시된 차세대 예약시스템 TOPAS SellConnect의 새로운 Entry 소개 등 그동안 저자가 현장에서 학생들에게 교육하면서 얻어진 이론과 관광산업 현장에서 요구되는 현장실무 내용들을 토대로 학생들이 충분한 이해와 능력을 갖출 수 있도록 본서를 집필하도록 노력하였다.

끝으로, 본서가 출판되기까지 많은 도움을 주신 토파스 박숙희 차장님과 각 해당 학교에서 항공예약교육을 담당하시는 교수님들의 진심어린 조언을 통해 완성된 본서의 출판을 허락해 주신 백산출판사 사장님 및 편집부 직원들에게 깊은 감사를 드린다.

2016년 1월
대표저자 씀

차 례

항공예약실무 학습의 개요

학습 목표

항공사 및 여행사에서 항공 스케줄 예약 및 부대서비스 업무를 제공하기 위해 필요한 지식을 습득한다. 항공예약 시스템인 CRS 실무실습을 통해 항공예약업무를 파악하고 항공예약 자격증을 취득할 수 있다.

선수학습

인터넷 활용능력, 항공업무

지식 · 기술 · 태도

구분	주요내용
지식	• 항공사별 운항스케줄에 대한 지식 • 항공사, 도시, 공항 코드, 항공예약 등급, 항공예약 지시어에 대한 기본지식 • PNR(Passenger Name Record)를 위한 입력 지시어 • CRS, GDS에 대한 관련 지식
기술	• 인터넷 활용능력 • 항공예약시스템 활용능력 • 컴퓨터 활용능력
태도	• 정확하고 세심한 업무 처리 태도 • 차분하고 신속한 태도

핵심 용어

TOPAS SellConnect, CRS, GDS, PNR, 항공예약 클래스(Class)

단원명 (능력단위 요소명)	훈련내용(수행준거)
1. 항공예약업무 이해하기	1. 항공예약시스템의 기능을 설명할 수 있다. 2. 항공사, 도시, 공항 코드를 구분할 수 있다.
2. 예약시스템 접속하기	1. CRS에 접속할 수 있다. 2. TOPAS의 구성내용을 구분할 수 있다. 3. 항공사, 도시, 공항 코드를 조회할 수 있다.
3. 항공예약의 기초 다지기	1. 항공예약 가능편을 조회할 수 있다. 2. 스케줄, 타임 테이블을 조회할 수 있다. 3. PNR의 개념 및 구성요소를 설명할 수 있다.
4. PNR 작성 및 수정하기	2. 승객성명, 여정, 전화번호를 작성할 수 있다. 3. 여정의 연속성을 이해하고 구성내용을 수정할 수 있다. 4. 여정을 취소하고 변경할 수 있다.
5. Fact Element 작성 및 수정하기	1. Fact Element를 이해하고 특별서비스사항을 요청할 수 있다. 2. 항공사의 마일리지를 조회하고 입력할 수 있다. 3. 사전좌석을 배정할 수 있다.
6. PNR 작성을 완료하고 조회하기	1. PNR 작성을 완료하고 조회할 수 있다. 2. PNR을 유형별로 조회하고 판독할 수 있다.
7. 단체예약하기	1. 단체예약의 특성을 파악하고 여정을 작성할 수 있다. 2. 단체명과 실제승객 명을 입력하고 취소할 수 있다.
8. 항공사의 가입 Level과 처리 방식 이해하기	1. Direct Access, Sell, Locator Return을 구분할 수 있다.
9. PNR Split와 Queue 이용하기	1. PNR을 나눌 수 있다(Split하기). 2. PNR의 불일치(NHP)상태를 처리할 수 있다. 3. Queue를 이용할 수 있다.
10. 기타 여행서비스 예약하기	1. 호텔, 렌터카를 예약할 수 있다. 2. 호주 비자(Visa)를 신청 및 승인 확인할 수 있다.

제1장

항공예약업무의 이해하기

제1절 항공예약의 정의
제2절 항공예약시스템
제3절 항공예약 실무 기본

제 1 절 항공예약의 정의

1 항공예약의 정의[1]

1) 항공예약의 정의

항공사의 상품은 항공기를 이용하여 운송 수단을 제공하는 서비스로 승객을 한 지역에서 다른 지역으로 이동시키는 공간과 시간상에 제약을 받는 서비스(좌석)에 있다. 즉 항공 좌석은 서비스 상품의 특성인 생산과 소비가 동시에 발생하는 동시성의 특성을 가지고 있으므로 생산되는 순간에 소비되지 않으면 다시 판매를 할 수 없는 시한성과 일회성을 가지고 있다. 결국 상품이 생산되는 순간에 최대한 소비될 수 있고, 사전에 좌석의 판매가 예약의 형태로 이루어지도록 유지하여야 한다. 따라서 사전 항공예약을 통하여 생산될 상품의 판매를 촉진하고 소요량을 예측하여 생산의 규모를 계획한다. 이에 항공예약자는 예약이 확약되면 발권을 통하여 수입을 확정하며 운송의 준비를 하는 역할을 담당하고 있다.

오늘날의 항공예약시스템은 자사의 좌석예약뿐만 아니라 승객의 여정에 수반되는 타 항공사의 항공편에 대한 예약도 일괄적으로 단시간 내에 처리를 해주고

1) 장양례(2006). 항공예약실무실습, 한국학술정보(주), pp. 11~17.

있다. 승객의 입장에서는 탑승해야 할 항공사마다 전화를 걸어 예약을 해야 하는 번거로움을 제거할 수 있다. 또한 항공예약은 일단 예약을 하고 난 뒤에도 자유롭게 취소하거나 변경할 수가 있으며 반드시 항공권을 소지한 승객만이 예약할 수 있는 것은 아니다. 그리고 예약의 경우 해당 항공편 출발 352일 전부터 예약을 접수하고 있으므로 빠를수록 예약하기가 용이하며 성수기 때는 좌석을 미리 예약해 놓는 것이 좋다.

이처럼 항공사의 예약업무가 시작된 것은 1919년 네덜란드 KLM 항공사부터이며, 처음에는 항공예약업무가 수작업으로 시작된 것이 지금은 CRS(Computer Reservation System)로 발전하여 비약적인 발전을 거듭하고 있다.

2) 항공예약업무의 기능[2)]

(1) 고객 서비스 측면

첫째, CRS를 통하여 예약을 하게 되면 여객이 원하는 시간대로 세계 어느 곳이든지 최종목적지까지 편리하게 여행할 수 있도록 예약이 가능하다. 스케줄 정보 조회뿐만 아니라 전 세계 항공사의 시간표(Official Airline Guide)를 참조하여 여정(Itinerary)을 작성해 주고, 이에 따라 항공좌석의 확보를 위하여 여러 항공사의 예약도 가능하다.

둘째, 항공여정 이외에 승객이 여행하면서 필요로 하는 각종 서비스를 예약해 주거나 편의를 제공하여 준다. 즉 호텔 예약이 가능하며, 해당 항공편의 이용자에게 호텔의 관련사항(호텔명, 위치, 요금, 전화번호, 웹 주소 등)을 안내하여 승객이 원하는 호텔을 예약해 주고 있다. 더불어 관광, 렌터카, 기타 교통편을 들 수가 있는데, 세계 주요 관광지의 정보, 항공여행과 연결되는 기타 교통편(선박, 육로교통) 등의 예약도 접수하고 있다. 또한 고객이 사전예약을 통해 기내에서 특별음식(Special meal)의 예약이 가능하다. 승객 중 종교, 건강, 취향 등으로 기내식사에 특별음식을 원하는 경우는 사전(항공사마다 상이하나 늦어도 출발 2일 전까지)

2) 박시사(2008). 항공사경영론, 백산출판사, pp. 311~319.

에 예약을 받아 제공하고 있다. 그리고 들것환자(Stretcher), 비동반 소아(12세 미만), 임신부(8개월 이상) 등 제한여객 운송과 같이 여행 중 특별한 주의가 필요한 승객은 미리 예약 접수하고 소정서류(의사의 건강진단서, 해당항공사의 서약서)를 준비하도록 한다. 기타 여행정보 제공으로는 승객이 문의하는 제반 여행정보(항공요금, 출입국 절차, 쇼핑 등)를 안내하고 승객의 항공여행 상담 역할을 한다.

(2) 항공사 경영 측면

첫째, 항공예약은 잠재 고객이 항공사 직원과 접촉하여 자신이 희망하는 항공편의 좌석 이용 가능성(Availability)과 함께 항공 여행 일정을 확정짓는 절차라 할 수 있으며, 항공사는 좌석의 판매, 즉 항공예약이 전제되어야만 운송 서비스의 제공을 고객에게 확약할 수 있다. 그래서 항공사에서는 예약기능을 예약판매라 하는데, 이는 예약으로만 끝나지 않고 항공 좌석의 판매와 직결된다는 뜻이기 때문이다. 또한 예약판매 업무는 주로 전화에 의해 이루어져 전화 판매라고도 하는데, 이것은 여객이 항공사를 접촉하는 가장 간단하고 신속한 방법 중의 하나이다.

항공예약업무는 예약을 통하여 여객이 여정을 확정할 수 있고 이것이 발권으로 연결되어 판매가 이루어지게 하는 판매 및 판촉 수단이다. 또한 판매 활동을 통하여 유치된 수요가 좌석의 예약 - 발권 - 탑승의 절차를 거침으로써 판매가 확정되는데, 그 중 일부의 역할을 예약이 담당하기도 한다. 특히 각 항공사에서는 전화 예약 판매를 효율적으로 운영하기 위해 일반판매(개인 판매), 여행사 판매, 단체 판매, 패키지 투어 판매로 나누어서 운영하고 있다.

둘째, 항공좌석 판매의 통제로 정기 항공 운송(Scheduled flight)은 예정된 운항 스케줄에 따라 비행하며 운항 항공기 자체는 좌석 공급력에 한계가 있으므로 계절별 및 요일별 성수기에 따른 고객의 요구에 항상 부응하기 어렵다. 더구나 항공사는 한 좌석을 판매하더라도 수익성(Revenue)을 고려해야 하며 탑승률(Load Factor)도 극대화되도록 노력해야 한다. 바꿔 말하면, 항공사는 좌석의 판매에 국한되지 않고 좌석의 철저한 재고 관리(Inventory Control)를 통해 한정된 좌석 공급력으로 수입의 최대화를 도모하는 한편, 늦은 취소(Late Cancellation)나 불량 예약(No-Show)으로 인한 좌석의 손실을 막고 탑승률을 극대화하기 위한 노력을 기울여야 한다. 또한 항공좌석의 공급이 수요를 초과할 때에는 재고관리보다 좌석 판매가 우선되어야 하지만, 그 반대 현상일 때에는 매출액의 극대화를 위해 티켓요금(Ticket Fare)을 분석하여 선별예약을 함으로써 판매를 통제하게 된다. 즉 할인항공권 소지자보다는 정상요금 지불자의 예약을 우선적으로 접수하는데, 이는 예약통제를 통해서만 가능한 일이다.

셋째, 운송의 사전 준비인데 항공예약은 좌석 예약에만 국한되지 않고 사전에 특별히 항공사가 준비해야 할 서비스에 관한 예약도 포함된다. 즉 특별한 서비스 또는 조치(Special Handling)가 요청되는 승객(특별 기내식 준비, 특별한 보호를 요청하는 승객 등)에 대해서는 그 내용을 예약과 동시에 관련부서에 통보・준비하고 탑승 수속 또는 탑승 중 준비한 사항들을 차질 없이 전달함으로써 올바른 서비스를 제공해야 한다.

2 항공예약 경로

1) 직접 예약방문

해당항공사의 지점이나 영업소의 발권카운터(Ticketing Counter)를 통하여 직접 항공사로 찾아오는 승객을 유치하는 판매이다. 따라서 항공사가 도심 내의 여러 지역에 각 항공사 발권카운터를 설치 운영하고 있으며, 이러한 운영은 판매액의 증가보다는 항공사 이미지 홍보, 항공권의 재발행(Reissue), 환불, 여정의 변경, 마일리지 서비스 등 고객서비스를 원활하게 함이 주된 목적이라 할 수 있다.

2) 전화 · 팩스 · PC통신

여객이 해당항공사의 예약과에 전화를 걸어 직접 예약을 하거나, 예약 전화의 급증에 따른 수용력의 한계극복 및 예약접수 경로의 다양화를 통한 고객 만족도의 제고를 위해 팩스를 이용하여 10명 이상 그룹(Group)이나 소규모 인원도 예약 접수가 가능하다. 최근에는 인터넷(Internet) 기반 항공사 홈페이지를 통해 예약이 많이 이루어지고 있으나 항공사 홈페이지를 통한 예약은 해당 항공사의 정보만 제공되므로, 여러 항공사의 가격비교는 여행사 홈페이지를 통해 이루어지는 경향이 있다.

3) 여행사(Travel Agency)와 총판대리점(GSA : General Sale Agency)

항공사의 가장 중요한 유통경로가 여행사에 의한 판매라 할 수 있으나, 최근 전자 항공권의 도입 등으로 인터넷 기반의 판매가 많이 늘어나고 있다. 여행사는 일반적으로 어느 특정 항공사의 판매 대리점 영업활동을 하는 것이 아니고 여러 항공사의 판매 대리점을 동시에 겸하고 있어 다양한 항공사의 티켓을 판매한다는 것이다. 국내의 경우 여행사는 IATA(International Air Transportation Association)로부터 인가받은 BSP여행사와 항공사나 여행사 대리점 형태의 ATR여행사가 있다.

여행 대리점은 여정에 대한 예약 요청이나 처리와 이에 수반되는 변경 사항을 통보할 경우에는 항상 한 항공사나 하나의 CRS를 통해 이루어져야 하며, 승객의 연락처는 해당 항공사, 서비스 제공자에게 통보하여야 하며, 승객의 요청이 있을 경우 항공좌석이나 기타 서비스를 요청할 수 있다. 또한 항공권이나 기타 관련 서류는 예약된 각각의 서비스 요소와 발권 및 항공권 구입 제한 시간(Time Limit) 내에 발권해야 한다.

총판 대리점 여행사의 관리 및 해당 여행사가 위치하고 있는 지역을 관할하고 있는 항공사의 지점이나 영업소에 의하여 수행되고 있다. 그러나 지역적으로 원거리에 있거나 해당지역에 항공사의 지점이나 영업소가 없는 경우, 그 업무를 대행하는 제3자를 지정할 수 있으며 이것을 총판 대리점이라 하고 여행사 또는 그 지역의 항공사를 총판대리점으로 위임하기도 한다.

3 항공예약의 운용

1) 초과예약(Over Booking) 개념과 목적

일반적으로 항공사뿐만 아니라 많은 관광사업체들이 초과 예약 제도를 사용하고 있다. 항공사의 좌석예약은 출발일을 기준으로 하여 352일 전부터 가능하기 때문에 사전에 예약을 할 수 있지만, 승객의 예약 취소 또는 변경으로 인하여 예약상황이 수시로 변하기 때문에 항공기의 공급좌석(판매가능 좌석)을 초과하여 예약을 접수해야만 한다. 이를 초과 예약 제도라 하고 실제 탑승 수속 시점에서 탑승가능 좌석 수보다 더 많은 승객이 공항에서 확약된 항공권을 가지고 탑승수속을 하는 초과 판매(Oversale)와 엄밀한 의미에서 차이가 있다. 따라서 초과예약의 목적은 승객이 예약취소 및 노쇼(No-Show) 발생으로 인한 좌석탑승률의 감소를 방지하기 위해서 초과예약 제도를 활용하고 있으며, 초과 예약을 통하여 예약기회가 많아지므로 보다 더 많은 승객이 좌석을 확약 받을 수 있다. 항공사가 적정선의 초과 예약(보통 120%)을 실시하지 않을 경우 수입보전을 위하여 운임인상이 불가피하여 결과적으로 승객에게 손해를 초래할 수도 있다.

2) 초과 예약(Over Booking)의 실패에 대한 보상제도

초과 예약은 해당 비행편의 과거 예약 추세, 구간의 특성, 계절별 요인 등을 감안하여 실시하나, 경우에 따라 예상을 벗어나 초과판매가 발생될 수 있다. 초과판매가 발생될 경우에는 해당 비행편과 도착 시간이 유사하여 승객의 차후 계획에 차질이 없는 대체 편을 우선적으로 제공하고 대체 편에 탑승을 거부할 때에는 예상되는 수의 승객들에게 보상액을 제시하여 지원자를 접수하고 보상액을 차후 내용에 따라 차등적으로 적용한다. 따라서 항공사가 예약의 취소를 감안하여 초과 예약을 20% 정도 실시하기 때문에 항공사를 이용하는 고객이라면 반드시 항공사에 예약 재확인을 하여야 한다. 예약의 재확인은 여행 도중에 어느 지점에서 72시간 이상 체류할 경우, 항공편 출발 72시간 전까지 탑승 예정 항공사에 전화 등을 이용하여 재확인하여야 한다. 재확인을 하지 않았을 경우에는 예약이 취소될 수 있으나, 최근 대한항공에서는 예약 재확인 서비스를 하지 않아도 되는 제도를 시행하고 있다.

4 TASF(Travel Agent Service Fee)[3)]

TASF란 항공권 및 호텔, 렌터카 등의 부대 서비스에 대한 여행 업무 취급 수수료(Travel Agent's Service Fee로 2009년 대한항공이 여행사에 대한 수수료(Commission)의 지급 중단을 시초로 각 항공사의 여행사 수수료가 없어지면서 도입된 제도이다.

여행업계에 도입된 지 현재 7년을 맞이하고 있으나, 고객들은 TASF제도에 대한 이해가 미흡하다. 취급수수료 징수에 대해 BSP가 개입하여 정산하고 있으며, TASF를 통한 취급수수료 징수는 GDS를 이용하고 있다. IATA와 이니시스(INICIS)가 "INPAY"계약을 체결하고 있으며, 현재 ATR대리점의 TASF서비스는 이니시스(INICIS)와 "INPAY" 계약만 체결되어 있는 상태이다. 카드수수료에 대한 부가가치세(VAT) 세금계산서는 이니시스와 여행사 간에 교부하고 있다.

3) 한국관광신문, 2012년 3월 19일, http://edu.topas.net

제 2 절 항공예약시스템 (CRS : Computerized Reservation System)

1 CRS(Computerized Reservation System)의 이해

CRS(Computerized or Computer Reservation System)는 항공사 컴퓨터 예약시스템이다. 과거에 전산 단말기를 통해 항공편의 예약을 하였다면, 현재는 인터넷 기반의 예약, 발권, 운송, 호텔 및 렌터카 등 여행에 관한 종합적인 서비스를 제공하는 예약 System을 말한다. CRS로 대체되면서 여행사 직원들은 보다 편리하고 정확하게 업무수행이 가능하게 되었으며, CRS는 여행사, 항공사 고객을 연결하는 정보제공과 유통 수단으로서의 역할을 하고 있다. 항공업무의 자동화 업무에만 국한되지 않고 종합적인 정보를 제공하는 고부가가치 통신시스템으로 그 영역을 넓혀가고 있다.

1) CRS의 시작[4]

항공 산업 초창기에는 컴퓨터가 없었기 때문에 항공기 좌석 예약을 매달 발간되는 OAG(The Official Airline Guide)를 이용하여 일일이 수작업에 의존하여 왔다. 그 후 지속적인 항공수요의 증가로 효율적인 예약 업무의 운용과 수요의 조절

4) http://www.topasweb.com/

이 보다 정확하게 이루어질 수 있는 전산화의 필요성이 대두되었다. 이에 각 항공사들은 예약 업무 전산화를 추진하게 되었고 항공사 내부의 생산성 향상과 비용 절감 등의 효과를 목적으로 1962년에 미국의 American Airline이 IBM과 합작하여 "SABRE(Semi Automated Business Research Environment)"라는 CRS를 최초로 개발하여 본격적인 운용을 시작하였다.

2) CRS의 전개

1976년 AA에서 "SABRE" 여행사 대리점에 설치하기 시작하면서 CRS는 항공사의 업무 자동화 기능뿐만 아니라 예약 발권 사무지원 등 부대적인 기능 및 역할이 확대되었다. 따라서 각 항공사들은 자체 CRS를 여행사에 제공함으로써 좌석 판매를 증대시킬 수 있다는 인식하에 경쟁적으로 예약기능들을 개발하게 되었다. 이를 계기로 유럽 및 아시아지역 항공사들도 서로 연합하여 새로운 CRS를 개발, 보급함으로써 미국의 거대 CRS에 대비해 자국의 시장을 보호함과 동시에 미국의 "MEGA CRS" 제휴관계도 증대시키게 되었다.

이러한 과정에서 발전된 것이 바로 GDS(Global Distribution System)이다. GDS는 CRS가 발전해 나가는 과정에서 탄생된 것으로 CRS를 이용한 전문적인 사업을 목적으로 하는 시스템의 일종이라고 볼 수 있다. CRS회사들이 범세계적 항공 유통망을 담당함에 따라 세계적인 CRS회사들을 GDS(Global Distribution System)이라고 칭하게 되었다. GDS의 발전은 여러 항공사가 연합하여 탄생시킨 경우도 있고, 하나의 CRS 회사가 단독적으로 GDS 사업을 벌이고 있는 경우도 있다. 이에 대응하기 위해, 정부와 대한항공 합작으로 오늘날 한진정보통신의 전신인 KOTIS를 설립하였다.

국내에 CRS가 처음 등장한 것은 1975년 대한항공이 사내 업무 전산화를 위해 KALCOS를 개발하면서 시작하였으며, 1990년 TOPAS라는 CRS를 구축, 보급함으로써 오늘날 CRS산업을 활성화시켰다. 그러나 2014년부터는 Amadeus의 새로운 System도입을 통해 TOPAS가 자체 개발한 CRS형태가 아닌, Amadeus의 항공 문화(Localization) 및 고객 중심(Customizing)으로 한국 지역 현실에 맞게 적용하여 실시하게 되면서 항공 여행시장은 새로운 도약을 맞게 되었다.

3) CRS의 기능

- 각 항공사별 스케줄 조회
- 운항 정보 조회, 잔여 좌석 상태 조회 및 좌석 예약
- 운항 구간의 운임 조회 및 BSP 참여 항공사 발권
- 호텔 / 렌터카 정보 조회 및 예약
- 상용 고객의 세부 정보내역 저장관리
- 미수금 관리, BSP 관리
- 여행상품의 정보 제공 및 예약(철도, 선박회사 등 여행 관련 업체)
- 국가별 비자 등 여행관련 정보 조회
- 항공 업계 뉴스 및 시스템 소식 조회

항공예약 / 발권

렌터카 예약

호텔 예약

- 좌석예약 관리기능

항공업무의 자동화를 위해 개발되었지만 고유 업무에만 국한되지 않고, 항공예약 및 발권 기능은 물론 호텔, 렌터카 등의 부대 예약서비스를 제공하고 있다. 예약을 관리하기 위해서 CRS를 통한 예약시스템이 필수적이며, 항공사 및 여행사의 업무능률을 향상시키고 있다. 전일 예약 데이터 자동저장 및 조회기능으로 PNR 상태 및 발권 시한, 예약 담당자를 조회할 수 있다.

- 효율적인 수익극대화 기능

빈 좌석을 각 등급별·지역별·계절별로 적절히 조합하여 과거 예약된 자료들의 실적자료를 분석하고 미래의 예약추세를 예측하여 예약통제(reservation control)

가 가능하다. 이를 통해 탑승률(Load factor)과 수익극대화(Yield Management)를 높일 수 있다.

• 발권관리 기능

Agent Coupon(여행사 보관용) 출력이 가능하며, APSR(Automated Passenger Sales Report)[5] 조회가 가능하며, BSP 보고자료 출력 및 항공권 재고 관리가 가능하다. APSR은 항공권 발행 시 생성되는 매표 보고용 자료로 BSP 여행사가 꼭 확인해야 하는 필수 기능이다. 이는 지불내역이 제대로 반영되어 있는지, 항공권의 VOID 처리 및 환불(Refund) 등을 확인할 수 있는 것으로 항공권 판매를 위해 꼭 필요한 것이다.

• 마케팅 기능

업무지원 기능(Back Office System)을 통해 고객정보 등록, 고객 관리 및 회계 관리가 가능하다. 여정 및 노선 분석을 통해 판매관리 등이 가능하며, 관광정보 제공과 여행지와 관련된 정보를 제공할 수 있는 여행정보 기능이 있다.

• 패키지 관리 기능

업무지원기능(Back Office System)을 통해 고객관리 기능 및 회계 관리 기능, 발권 데이터 관리, 청구서 발행기능 등이 가능하며, 여행정보기능을 통해 관광정보 제공과 여행지와 관련된 정보를 제공할 수 있다.

• 여행정보 기능

TIMATIC(여행정보 전산화 시스템)을 통해 각국의 여권, 비자, 검역, 세관, 화폐 단위, 환율, 날씨 등 해당여행국에 필요한 각종여행정보를 제공한다.

4) CRS의 중립성(Neutrality)

여행사 대리점에 보급되는 CRS는 특정 항공사에 유리하도록 화면 구성을 할 수 없는 것이 특징이다. 이것을 CRS의 중립성 혹은 비차별성이라고 하는데, 초기의 CRS는 자사 항공사의 업무편의를 위해 만들어졌기 때문에 여행사에 보급되는

5) http://www.topasweb.com/

CRS까지도 자사 항공편을 위주로 운영해왔다. 이에 따라 CRS를 갖고 있지 않은 항공사와 자의적인 선택의 기회를 갖지 못하게 된 사용자들이 피해를 입게 되자, 1984년 미국의 교통부에서는 이러한 행위들의 불합리성을 인정하여 항공사 간의 공정한 경쟁을 보장하고, 소비자를 보호한다는 목적 하에 화면 차별행위를 금지한다는 CRS 관련법규를 제정, 공포하였다. 이에 따라 CRS 사업은 항공사와 분리되며 독자적인 영역을 개발하여 새로운 고부가가치 사업으로의 전환이 이루어지게 되었다.

5) CRS의 현황

1987년 유럽항공사들은 유럽 민간항공기구를 통하여 단일 CRS개발을 시작하게 되었으며, 유럽의 CRS은 크게 루프탄자(LH), 에어프랑스(AF), 이베리아항공(IB), 스칸디나비아항공(SK)은 AMADEUS로, 영국항공(BA), 스위스항공(SR), 알리따리아(AZ), 네덜란드항공(KL) 등은 GALILEO라 구분된다. 유럽의 주요대책은 미국의 CRS와 제휴하는 방법이었다. 아마데우스(amadeus)는 미국의 시스템 원(system one)과 갈릴레오(galileo)는 아폴로(apollo)와 제휴하는 방법으로 미국 CRS의 힘을 통해 거대한 CRS시장을 구축하게 되었다. 또한 아시아 지역의 예약시스템은 콴타스항공(QF)과 일본항공(JL), 전 일본항공을 주축으로 하는 아메리칸 항공의 세이버(sabre)에 준거하여 시스템을 구축하여 나가고 있으며, 싱가포르항공(SQ), 캐세이패시픽항공(CX), 중화항공(CA), 필리핀항공(PR) 등이 이끄는 ABACUS가 있다.

현재 우리나라에서 사용하는 대표적인 CRS는 TOPAS와 ABACUS가 있으며, 인터넷 기반의 CRS로 TOPAS는 1999년 유럽의 Mega CRS인 Amadeus와 제휴하였으며, 현재 국내 항공예약시장에서 차지하는 비중은 70%로, 600여개 세계 주요 항공사가 가입되어 있으며, 50,000여개 전 세계 호텔 예약이 가능하다.

2014년부터 도입되는 TOPAS의 차세대 예약시스템인 토파스 셀커넥트(TOPAS SellConnect)는 기존에 사용되고 있는 TOPASRO2에서 업그레이드된 기능을 가지고 있으며 사용자 중심의 시스템 운영 환경과 초보자도 간편하게 예약할 수 있는 스마트 기능도 마련됐다.

토파스와 애바카스 모두 기존의 기능을 향상시킨 가운데 '사용자 중심'의 예약 기능을 강조한 것이 큰 특징이다.[6)]

토파스는 CRS라는 특성상 항공예약 시스템 중 시장 점유율이 가장 높은 세계적인 GDS인 아마데우스와의 차세대 합작 프로그램을 구현했다.

특히 엔트리(Entry) 모드와 GUI(Graphic User Interface) 모드가 동시에 제공되며 상호간 자유롭게 호환되어 여행사와 관련 교육기관에서 활용도가 높을 것으로 전망하고 있다.

해당 프로그램은 2014년 8월 최종 테스트를 거쳐 국내여행사에 보급되어 사용되었으며 2015년 1분기 이후에는 TOPASRO2의 시스템 사용이 중지되었다. ABACUS는 아시아나항공이 호스트를 아마데우스의 알테아(Althea)로 전환하게 되면서 항공사 내부 시스템이 바뀜에 따라 예약 ・발권 업무 환경전환에 대한 여행사 담당자들의 우려를 잠재우고 기존과 동일한 방식으로 예약과 발권이 진행되는 것을 강조해왔다.

계약기간 만료인 2019년까지는 현재의 애바카스와 병행하여 사용될 예정이며 마이 애바카스2(My Abacas II)의 출시로 기존 기능을 유지하면서 사용자 요청 기능과 편의 도모를 목표로 삼았다. 시스템다운(system down)확률을 낮추고 안정화에 주력하는 동시에 헬프데스크(help desk)의 마스크 모니터링(Mask Monitoring)이 가능해지고 통신 로그 확인이 더욱 신속해진다. 또한 사용자 요구에 맞춰 TASF(Travel Agency Service Fee) 영수증 분리발행 옵션 기능을 제공한다. 그밖에 한 화면에서 애바카스 및 항공사를 포함한 업계소식과 교육 매뉴얼, 일정관리 등을 제공하게 된다.

---

6) 세계여행신문 2013.7.12일자, www.topasweb.com

CRS · GDS 주요현황

지역	CRS명	참여항공사	Head-Office
미 국	SABRE	아메리칸항공(AA)	DFW(댈러스)
	APOLLO	UA, US, AC, BA, KL(GALILEO와 합병)	CHI(시카고)
	WORLD SPAN	노스웨스트(NW), 트랜스월드(TW), 델타항공(DL)	PARS와 DATAS II 통합운영
	SYSTEM ONE	콘티넨탈항공(CO)	MIA(마이애미)
유 럽	AMADEUS	AF, BA, IB, LH, SK 등 다수 항공사	MAD(마드리드)
	GALILEO	SR, AZ, KL 등 다수 항공사	APOLLO와 합병
아시아	ABACUS	CX, SQ, MH, CI, PR, BI, OZ, WORLD SPAN, QF, TE	SIN(싱가포르)
	FANTASIA	QF, TE	SYD(시드니)
	AXESS	JL	TYO(동경)
	INFINI	NH	TYO(동경)
한 국	TOPAS	대한항공(KE) AMADEUS와 제휴	
	ABACUS	아시아나항공(OZ)	

제 3 절 항공예약 실무 기본

1 각 국가별 항공사 코드[7)]

각 국가별 항공사 코드

국가	항공사명	코드	국가	항공사명	코드
미 국	America Airline	AA	일 본	All Nippon Airways	NH
	Hawaiian Airlines	HA		Japan Airlines	JL
	United Airlines	UA	태 국	Thai Airways	TG
	Delta Airlines	DL	대 만	China Airlines	CI
캐나다	Air Canada	AC		Eva Airlines	BR
이태리	Alitalia Airlines	AZ	싱가포르	Singapore Airlines	SQ
영 국	British Airlines	BA	홍 콩	Cathay Pacific	CX
네덜란드	K.L.M. Royal Dutch Airlines	KL	필리핀	Philippine Airlines	PR
독 일	Lufthansa	LH	베트남	Vietnam Airlines	VN

7) http://www.iata.org, http://www.topasweb.com/

국가	항공사명	코드	국가	항공사명	코드
터 키	Turkish Airlines	TK	마카오	Air Macau	NX
프랑스	Air France	AF	중 국	Air China : 중국국제항공	CA
인디아	Air India	AI		China Eastern Airlines : 중국동방항공	MU
칠 레	Lan Airlines	LAN LA		Shenzhen Airlines : 심천항공	ZH
러시아	Aeroflot Russian	SU		China Southern Airlines : 중국남방항공	CZ
남아프리카	South African Airways	SA	오스트리아	Austrian Airlines	OS
케 냐	Kenya Airways	KQ	한 국	Korean Airline	KE
핀란드	Finn air	AY		Asiana Airlines	OZ
스웨덴	Scandinavian Airlines	SK		T'way Air	t'way TW
호 주	Qantas Airlines	QF		Air Busan	AIR BUSAN BX
뉴질랜드	Air New Zealand	NZ		Jin Air	JINAIR LJ
카타르	Qatar Airways	QR		Jeju	7C
아랍에미리트	Emirates	EK		Easter Jet	EASTAR JET ZE
말레이시아	Malaysia Airlines	MH			
인도네시아	Garuda Indonesia Airways	GA			

2 국가별 주요도시 코드 및 공항 코드

국제항공운송협회(IATA)는 업무 종사자 간 공통의 용어를 사용하여 업무에 착오가 없이 정확하고 신속한 업무처리를 위해 비행기가 운항하는 세계의 각 도시와 공항코드는 3자리, 항공사 코드는 2자리로 암호화(Encode)하여 각각 도시 코드와 공항 코드를 만들었다.

도시 코드와 공항 코드가 같은 경우도 있으나 프랑스나 영국 같은 나라 경우에는 여러 개의 국제공항이 있는 경우도 있어 공항 코드는 도시 코드와 다른 별도의 코드를 사용하기도 한다. 나라별로 도시 코드를 살펴보면 다음과 같다.

1) 국가별 주요도시 코드 및 공항 코드

한국지역 도시 코드 및 공항 코드

도시명	도시 코드	공항 코드	도시명	도시 코드	공항 코드	비고
인천	ICN	ICN	서울	SEL	GMP	코드 동일
부산	PUS	PUS	광주	KWJ	KWJ	
제주	CJU	CJU	목포	MPK	MPK	
여수	RSU	RSU	울산	USN	USN	
강릉	KAG	KAG	속초	SHO	SHO	
진주	HIN	HIN	청주	CJJ	CJJ	
대구	TAE	TAE	예천	YEC	YEC	

일본지역 도시 코드 및 공항 코드

도시명	도시 코드	공항 코드	비고	도시명	도시 코드	공항 코드	비고
Tokyo	TYO	NRT, HND	2개	Osaka	OSA	KIX, ITM	2개
Aomori	AOJ	AOJ	코드 동일	Kagoshima	KOJ	KOJ	코드 동일
Akita	AXT	AXT		Komatsu	KMQ	KMQ	
Hiroshima	HIJ	HIJ		Kumamoto	KMJ	KMJ	
Hakodate	HKD	HKD		Matsuyama	MYJ	MYJ	
Fukuoka	FUK	FUK		Nagasaki	NGS	NGS	
Nagoya	NGO	NGO		Oita	OIT	OIT	
Toyama	TOY	TOY		Sendai	SDJ	SDJ	
Nigata	KIJ	KIJ		Shizuoka	FSZ	FSZ	
Okayama	OKJ	OKJ		Takamatsu	TAK	TAK	
Sapporo	SPK	CTS	*	Yonago	YGJ	YGJ	

예를 들어 일본의 동경(Tokyo)은 도시 코드를 TYO로 사용하나 나리타(Narita)와 하네다(Haneda) 공항이 2개 있어 공항 간에 혼선이 있을 수 있기 때문에 2개 이상의 복수 공항은 공항 코드를 사용하게 된다.

동일 도시 내의 복수 공항 코드

TYO-NRT(NARATA AIRPORT OF TYO)
HND(HANEDA AIRPORT OF TYO)
OSA-ITM(ITAMI AIRPORT OF OSA)
KIX(KANSAI INTL AIRPORT OF OSA)

중국지역 도시 코드 및 공항 코드

도시명	도시 코드	공항 코드	도시명	도시 코드	공항 코드
Beijing(북경)	BJS	PEK	Shanghai(상해)	SHA	SHA/PVG
Changchun(장춘)	CGQ	CGQ	Dalian(대련)	DLC	DLC
Guangzhou(광조우)	CAN	CAN	Qingdao(청도)	TAO	TAO
Shenyang(심양)	SHE	SHE	Tianjin(천진)	TSN	TSN
Yantai(연태)	YNT	YNT	Harbin(하얼빈)	HRB	HRB
Hangzhou(항주)	HGH	HGH	Chengdu(성도)	CTU	CTU
Nanjing(남경)	NKG	NKG	Chongqing(중경)	CKG	CKG
Guilin(계림)	KWL	KWL	Wuhan(무한)	WUH	WUH
Xiamen(하문)	XMN	XMN	Xian(서안)	SIA	XIY
Jinan(제남)	TNA	TNA	Kunming(곤명)	KMG	KMG
Shen Zhen(심천)	SZX	SZX	Changsa(장사)	CSX	CSX

아시아 지역 도시 코드 및 공항 코드

도시명	도시 코드	공항 코드	비고	도시명	도시 코드	공항 코드	비고
Hongkong	HKG	HKG	코드 동일	Jakarta	JKT	CGK	*
Bangkok	BKK	BKK		Singapore	SIN	SIN	코드 동일
Manila	MNL	MNL		Taipei	TPE	TPE	
Denparsar	DPS	DPS		Kuala lumpur	KUL	KUL	
Penang	PEN	PEN		Phuket	HKT	HKT	
Hanoi	HAN	HAN		Hochiminh	SGN	SGN	

남태평양 지역 도시 코드 및 공항 코드

도시명	도시 코드	공항 코드	비고	도시명	도시 코드	공항 코드	비고
Sydney	SYD	SYD	코드 동일	Auckland	AKL	AKL	코드 동일
Brisbane	BNE	BNE		Chirst-Church	CHC	CHC	
Guam	GUM	GUM		Nandi(Fiji)	NAN	NAN	
				Saipan	SPN	SPN	

캐나다 · 미주 지역 도시 코드 및 공항 코드

도시명	도시 코드	공항 코드	비고	도시명	도시 코드	공항 코드	비고
Vancouver	YVR	YVR	코드 동일	Kansas City	MKC	MCI	*
Calgary	YYC	YYC		Las Vegas	LAS	LAS	코드 동일
Ottawa	YOW	YOW		Los Angles	LAX	LAX	
Toronto	YTO	YYZ		Miami	MIA	MIA	
Montreal	YMQ	YUL	*	Minnea Polis	MSP	MSP	
Atlanta	ATL	ATL	코드 동일	New orleans	MSY	MSY	
Anchorage	ANC	ANC		Olando	ORL	MCO	*
Boston	BOS	BOS		Philadelphia	PHL	PHL	코드 동일
Baltimore	BWI	BWI		Portland	PDX	PDX	
Buffalo	BUF	BUF		Salt Lake City	SLC	SLC	
Chicago	CHI	ORD, MDW	2개	San Diego	SAN	SAN	
Cleveland	CLE	CLE	코드 동일	San Fransco	SFO	SFO	
Denver	DEN	DEN		Tampa	TPA	TPA	
Detriot	DTT	DTW	*	New York	NYC	JFK, LGA, EWR	3개
Indiana Polis	IND	IND	코드 동일	Honolulu	HNL	HNL	코드 동일
Charlotte	CLT	CLT		Washington DC	WAS	IAD, DCA	2개

◎ 미국 도시 내의 복수 공항 코드

NYC-JFK(John F Keneddy Airport of NYC)
EWR(Newark Airport Of NYC)
LGA(La Guardia Airport of NYC)
WAS-DCA(District Ronald Reagan Airport of WAS)
IAD(Dulles Airport of WAS)
CHI-ORD(Ohare Airport of CHI)
MDW(Midway Airport of CHI)

유럽 지역 도시 코드 및 공항 코드

도시명	도시 코드	공항 코드	비고	도시명	도시 코드	공항 코드	비고
London	LON	LHR, LGW, LCY	3개	Paris	PAR	CDG, ORY	2개
Frankfurt	FRA	FRA	코드 동일	Lyon	LYS	LYS	코드 동일
Zurich	ZRH	ZRH		Geneva	GVA	GVA	
Madrid	MAD	MAD		Barcelona	BCN	BCN	
Vienna	VIE	VIE		Hamburg	HAM	HAM	
Amsterdam	AMS	AMS		Nice	NCE	NCE	
Copenhagen	CPH	CPH		Venice	VCE	VCE	
Oslo	OSL	OSL		Budapest	BUD	BUD	
Brussels	BRU	BRU, ZYR		Athens	ATH	ATH	
Helsinki	HEL	HEL		Istanbul	IST	IST	
Berlin	BER	TXL	*	Cairo	CAI	CAI	
Stockholm	STO	ARN	*	Hanover	HAJ	HAJ	
Florence	FLR	FLR	동일	Milan	MIL	LIN, MXP	2개

◎ 유럽 도시 내의 복수 공항 코드

LON-LHR(Heatrhow Airport of LON)
LGW(Gatewick Airport of LON)
LCY(City Airport of LON)
PAR-CDG(Charles De Gaulle Airport of PAR)
ORY(Orly Airport of PAR)
MIL-LIN(Linate Airport of MIL)
MXP(Malpensa Airport of MIL)

2) City Code 유형

ROM Type – 도시명의 첫 3자리	
CHI : Chicago.US	LON : London.GB
FAI : Fairbanks.US	MAD : Madrid.ES
HAM : Hamburg.DE	PAR : Paris.FR
IST : Istanbul.TR	RIO : Rio De Janeiro.BR
LAS : Lasvegas.US	VIE : Vienna.AT
BKK TYPE – 도시명의 첫 자+선택 2자	
DTT : Detrot.US	GVA : Geneva.CH
GUM : Guam.Gu	HNL : Honolulu.US
MOW : Moscow.Ru	OKA : Okinawa.JP
SPN : Saipan	THR : Tehran. IR
YUL TYPE – 캐나다 도시 첫 자는 Y	
YVR : Vancouver.CA	YYZ : Toronto.CA
YYC : Galgary.CA	YOW : Ottawa.CA
YNZ : Halifax.CA	YWG : Winnipeg.CA
기 타	
PDX : Portland.US	LAX : Los Angeles.US
SCL : Santiago.CL	

3 ICAO Phonetic Alphabet[8)]

ICAO Phonetic Alphabet

Letter	Phonetic Alphabet	Letter	Phonetic Alphabet
A	Alpha	N	November
B	Bravo	O	Oscar
C	Charlie	P	Papa
D	Delta	Q	Queen / Qubec
E	Echo	R	Romeo
F	Father	S	Smile
G	Golf	T	Tango
H	Hotel	U	Uniform
I	India	V	Victory
J	Juliet	W	Whisky
K	Kilo	X	X-ray
L	Lima	Y	Yankee
M	Mike	Z	Zulu

ICAO Phonetic Alphabet는 예약 업무 수행 시 예약 담당자 간에 신속하고 정확한 의사소통을 위해 알파벳 영문자에 단어 첫 문자로 구분된다. 단어를 연결시켜 쉽게 알파벳 영문자를 인식하기 위한 목적으로 국제민간항공기구(ICAO : International Civil Aviation Organization)에서 권장하는 음성 알파벳을 사용하며, 예약번호, 도시 코드, 공항 코드, 예약 Entry 등 항공 용어로 구성되어 있다.

8) www.icao.int

4 Month Code

Month Code	Month
JAN	January
FEB	February
MAR	March
APR	April
MAY	May
JUN	June
JUL	July
AUG	August
SEP	September
OCT	October
NOV	November
DEC	December

항공예약 시 승객 출발일을 구분하기 위해 월(month)별로 코드화하여 사용한다.

5 항공사 공동운항(Code Share)

항공사 공동운항(Code Share)은 자사 소속 비행기가 아니더라도 제휴를 맺은 다른 항공사의 좌석을 일정부분 할당받아 자사 항공의 편명을 부여하고 승객들에게 판매하는 항공편을 말한다. 수익률을 향상시키기 위한 한 방편으로 사용되고 있으며, 코드 공동운항은 남는 좌석이 없거나 승객이 요구하는 노선을 운항하지 않을 경우 다른 항공사의 남는 좌석을 연결해주는 기존의 엔도스먼트(Endorsement) 방식보다 진전된 항공사 간 협업 방식이다. 공동운항 시 항공운임은 실제 비행기를 운항하는 제휴 항공사에 넘겨주며, 점점 더 많은 항공사들이 공동운항 제휴를 전략적으로 맺고 있다.

대표적인 대한항공의 공동운항 제휴항공사들을 살펴보면[9] 에어프랑스(AF), 아에로 맥시코(AM), 알래스카항공(AS), 알리탈리아(AZ), 중화항공(CI), 중국 남방항공(CZ), 델타항공(DL), 에미리트항공(EK), 상해항공(FM), 러시아항공(FV), 가루다항공(GA), 하와이안항공(HA), 일본항공(JL), KLM네덜란드항공사(KL), 중국동방항공(MU), 에어로플로트(SU), 몽골항공(OM), 말레이시아항공(MH), 베트남항공(VN), 체코항공(OK), 에어마카오(NX) 등을 들 수 있으며, 아시아나항공 같은 경우는 에어캐나다(AC), 에어차이나(CA), 전일본공수(NH), 에어뉴질랜드(NZ), 에바항공(BR), 유나이티드항공(UA), 중국남방항공(CZ), 콴타스항공(QF), 타이항공(TG), 터키항공(TK), 사우스아프리칸 에어웨이즈(SA), 심천항공(ZH), 싱가포르항공(SQ) 등이 있다.

예약시스템 화면상의 공동운항(Code Share) 사례 보기

```
AN2AUGSELTYO
** AMADEUS AVAILABILITY - AN ** TYO TOKYO.JP                  3 SA 02AUG 0000
 1   NH1160  J4 C4 D4 Z4 P4 Y4 B0  GMP I HND I  0740    0950  E0.77W       2:10
             M0 U0 H0 Q0 V0 W0 S0 L0 K0
 2NH:OZ9128  C2 D2 Z2 U2 BL ML EL /GMP I HND I  0740    0950  E0/763       2:10
             QL KL WL TL GL
 3   JL 950  C2 J2 D2 X2 I1 Y6 B6 /ICN   NRT 2  0750    1010  E0.73H       2:20
             H6 K6 M0 L0 V6 S6 N6 Q0 O0 G0
 4JL:KE5001  J0 C0 D0 Y0 B0       /ICN   NRT 2  0750    1010  E0/73H       2:20
 5JL:KE5711  J0 C0 D0 Y0 B0       /GMP I HND I  0800    1010  E0/767       2:10
 6   JL 090  C2 J2 D2 X2 I1 Y1 B1 /GMP I HND I  0800    1010  E0.763       2:10
```

위 화면에서 1 NH1160의 GMP HND 07 : 40출발 비행편은 NH OWN FLIGHT(자체 비행편)이며, 2 NH : OZ9128은 아시아나가 공동운항으로 대행 판매함을 보여주고 있다. 3 JL 950편과 4 JL : KE5001편도 마찬가지이다. JL950편이 OWN FLIGHT이고 KE 5001편으로 예약 구매하였더라도, CODE SHARE(공동운항) 비행기이므로 JL 950편에 탑승하게 된다.

9) http://kr.koreanair.com/

연습문제

1. Computer Reservation System인 CRS의 기능에는 여러 가지가 있다. 다음 중에서 CRS의 기능을 설명한 내용 중 맞지 않는 것은 어느 것인가?

① 항공편에 대한 스케줄 및 정보를 실시간으로 조회할 수 있다.

② 특정 항공사의 예약을 위해서는 반드시 해당 항공사에 직접 의뢰하여 예약을 진행해야 한다.

③ 항공예약 외에도 발권기능도 수행할 수 있다.

④ 항공사의 마케팅을 위한 각종 고객 정보 및 여행사 정보 등을 제공하기도 한다.

2. 도시 중에는 복수의 공항을 가지는 경우 도시 코드와 별도로 복수의 공항 코드를 가지고 사용하는 경우도 있다. NYC(NEW YORK)라는 도시의 공항 코드가 아닌 것은 다음 중 어느 것인가?

① JFK ② LGW ③ EWR ④ LGA

3. 다음 중 도시와 공항 연결이 틀린 것을 고르시오.

① PAR–CDG ② ROM–FCO

③ NYC–EWR ④ YTO–YVR

4. TASF란 무엇이며, TASF에 대한 본인의 견해를 쓰시오.

5. **항공예약시스템의 설명으로 틀린 것은?**

① 항공예약 및 발권 기능

② 여행사의 지원업무 가능

③ 렌터카와 호텔 등의 부대서비스 예약기능

④ 버스, 철도, 공연 등의 종합정보를 제공하는 전산 시스템

6. **다음 도시 코드 중 미국 내 도시가 아닌 것을 고르시오.**

① SFO ② ORL ③ PHL ④ SAO

7. **미국 디트로이트(DETROIT)의 도시 코드를 기재하시오.**

제2장

예약시스템 접속하기

제 1 절 TOPAS SellConnect 예약시스템

1 토파스 셀커넥트(TOPAS SellConnect)

1) TOPAS(Total Passenger Service System)의 기능

TOPAS SellConnect는 기존의 TOPASRO2에 다양한 부가기능 Item들이 추가 되었다. TOPAS와 Global GDS인 Amadeus가 공동 개발하여 항공뿐만 아니라 호텔, 크루즈, 렌터카, 철도, 여행보험 등 모든 여행 콘텐츠가 플러스되어 제공된다. TOPAS는 선진 GDS의 솔루션(Solution)과 기능이 한국시장에 최적화된 새로운 버전(Version)의 TOPASRO Plus를 개발하여 상품화 하였으며, 기존의 TOPASRO 2에 새로운 예약발권 기능 및 부가적인 정보를 제공한다.

TOPAS는 사용자의 편의 기능을 강화시킨 GUI(Graphic User Interface)를 지원한 메뉴 바 아이콘을 Click하는 모드를 추가하여 기존의 입력 지시어(Entry)와 같은 결과를 보여주었다면, TOPAS Plus인 TOPAS SellConnect는 TOPAS가 제공하는 예약, 발권과 관련된 CRS 기본 기능부터 Front 및 Back Office System, UMS(United Messaging Service) 등 부가기능과 New Booking Engine 구축 등 한 단계 더 업그레이드(Up grade)되었다.[1)]

TOPAS SellConnect의 가장 큰 특징은 Single PNR 콘셉트를 적용하여 시스템 안정성을 구현하고자 하였다. KE, TG, AF, CX 등 130개 주요 항공사와 TOPAS가 하나의 시스템으로 같은 PNR을 공유한다.

(1) 예약기능

가. 스케줄 및 항공 좌석상황 조회

국내선 스케줄은 물론, 전 세계 700여 항공사의 정기편 스케줄을 보유하고 있으며, 200여만 개의 발착지점 조합 및 좌석상황 검색기능도 함께 갖추고 있다. 연결편에 대해서는 최대 4개까지의 연결편 스케줄 자동구성 기능이 있다.

나. 항공사 시스템과 직접 연결

TOPAS를 통해 여러 항공사의 컴퓨터 예약 망에 온라인으로 접속하여 각 항공사의 좌석의 실제 상황을 확인하고 직접 예약이 가능한 획기적인 기능을 통해 전 세계 주요 항공사와 직접 연결에 의한 예약을 실시간으로 실시하고 있다.

다. PNR매니저

단말기 안에 내장된 예약카드를 통해 PNR 매니저, PNR도 함께 관리할 수 있어서 예약카드를 작성할 필요가 없게 되어 있다.

라. 호텔예약

11만 여개의 호텔 및 렌터카, 크루즈, 철도, 보험사 등 예약 시스템을 이용하여 풍부한 여행 콘텐츠를 제공할 수 있도록, 즉시 예약하고 예약 확인증도 발급 받을 수 있다. 특히 한국인이 선호하는 국내·외 호텔을 별도로 관리하고 있으며, KEY-PAD를 이용하여 해당 호텔의 약도나 전경도 볼 수 있다.

마. 렌터카 예약

세계 최대의 렌터카 회사인 Hertz 및 SITA의 렌터카 시스템과 직접 연결하여

---

1) TOPAS INSIDE VOL. 10; Feb 2013.

스케줄 조회 및 예약을 할 수 있다.

바. 사전좌석 배정

(2) 발권기능

가. 자동운임계산

예약기록상의 여정 또는 임의의 여정에 대해서 최대 32개 구간까지 자동운임계산이 가능하며, APEX 등 특별운임을 포함한 50만개의 구간, 미국 국내선 운임을 포함한 3,500만개 운임의 최신 데이터를 TOPAS 내에 보유하고 있다. 특히 한국지역에서 사용 빈도가 가장 높은 한국 발착 운임계산에 있어서는 그 신뢰성 및 효율성 면에서 우수한 시스템이다.

나. 자동발권

한 번의 키 조작으로 간단히 국제선 항공권을 발권할 수 있다. 대한항공 항공권은 물론 BSP 중립 항공권의 발권도 간단히 처리할 수 있다. 국내선의 경우 탑승권 겸용 항공권이 자동 발권되어 업무 처리가 더욱 간편해졌으며, 공항에서도 마치 시내 전철을 이용하는 경우와 마찬가지로 아주 간편하고 신속하게 좌석 배정 및 탑승을 할 수 있게 되어 고객의 편리 증진에 크게 기여하게 되었다. 자동운임 계산의 범위가 확대되어 운임이 간단하게 계산되고, 재발행 및 환불 시 운임 차액 자동계산/자동운임 검색의 기능이 강화되었다.

다. 한글여행정보 제공

TOPAS와 Amadeus는 인터넷 예약시스템을 개선하기 위하여 모든 온라인 예약시스템의 기반을 Amadeus로 전환하여 예약 프로세스를 단축시키고 있으며, 온·오프라인 통합 예약/발권/운임/정산 기능 개발, 자동 발권 기능 확대, 실시간 에어텔(Airtel) 예약 기능 개발 등 온라인 여행 시장에서 필요한 다양한 기능 등을 추가하였다.

① 한글여행정보 데이터베이스 내용

- Single PNR을 통한 System 안정성
- TOPAS 게시판
- TOPAS 가입 항공사의 최신정보 안내
- 해외여행 정보 : 각 관광지 여행정보 안내, 숙박, 렌터카
- 국내여행 정보 : 국립 / 도립공원, 숙박시설 등 16개 항목으로 구성하여 국내 8개 지역별 분류
- 항공운임 정보 및 스페셜 이벤트

② 전자메일(E-MAIL) 기능

전자메일 기능을 이용하여 항공티켓 발송이나 여행일정에 대한 정보 제공이 가능하며 여행사의 본사 / 영업소 간 LAN 구축 등 다양한 서비스를 제공한다.

라. 영문 여행 정보 제공

다양한 해외 정보를 영문으로 조회, 검색할 수 있게 되어 외국인에게 정확하고 신속한 영문 여행정보를 제공하게 됨으로써 외국인 고객에 대한 서비스를 향상시키는 데 기여한다.

마. 여행사 업무지원

TOPAS는 예약, 발권 업무 이외에 여행사의 고객관리 업무 및 기타 사무 자동화를 이룩하였고, 향후 여행사 업무의 효율성 및 정확성을 위해 꾸준히 여행사 업무지원 기능을 개발 보급하고 있다.

- 고객 정보시스템 : 대당 5,000명분의 고객 정보 수록, 서비스 제공 및 업무간소화
- 예약자료 FAX 전송기능 : 고객의 예약과 관련된 여정표는 TOPAS를 통해 고객에게 바로 전송
- 상용고객 우대제도(FTBS : Frequent Traveller System) 서비스 : 상용고객 우대제

도 회원의 신규 등록 및 탑승기록 조회와 인쇄기능
- TIMATIC, 거래처 관리 및 발권 실적서 등 각종 보고서 지원

2) TOPAS(Total Passenger Service System)의 전망

현재 TOPAS는 700여개 세계 주요항공사가 가입되어 있으며, 향후 TOPAS SellConnect를 사용하는 여행사는 Amadeus에서만 제공되는 Single PNR콘셉트에 따라, 대한항공뿐만 아니라 Amadeus를 이용하는 120개의 항공사와 동일한 시스템을 사용하게 된다. 이것은 여행사에서 항공사의 좌석을 실시간으로 검색해 마지막 남은 좌석까지 체크(Last Seat Availability)할 수 있는 것을 의미한다. TOPAS 여행정보가 현재 국내 항공예약 시장에서 차지하는 비중은 70%, 국내에서 해외로 여행하는 여행객 10명 중 7명은 항공사나 여행사의 TOPAS를 통해 항공권을 예약하고 있다.

또한 항공예약과 발권 외에도 팩스 전송 기능, E-Mail 서비스 등 다양한 부대기능을 기본 사양으로 지원하고 있으며, 여행사에서의 항공권 신청부터 미수금과 환불 처리, 예약 카드 작성, BSP 제출 서류 및 회계 관리까지 모든 업무를 한 자리에서 처리해 주는 Back Office System인 Value Office도 제공하고 있다. TOPAS는 Multi Media 환경에도 효과적으로 대응하기 위하여 TOPAS 홈페이지를 통하여 각종 여행사 업무를 지원하고 있으며, 대한항공을 포함한 9개의 항공사 홈페이지, 290여개 여행사 홈페이지 및 10여개의 포털사이트에 공급 중에 있다. 또한 인터넷이 가능한 곳이라면 세계 어느 곳에서도 이용할 수 있는 브라우저를 이용한 단말기 기능을 공급하고 있다.

다음 그림은 Amadeus System 구조이다. Unix/Linux, Unisys, Microsoft Windows 운영체계에 기반을 두고 통합 운영되고 있다. Amadeus는 현재 전 세계의 95% 항공사의 좌석, 85,000 이상의 호텔을 100,000 이상의 여행사에 제공하고 있다. 260개 항공사 Web Sites와 연결되어 있다. TOPAS-Amadeus와의 제휴를 통해 TOPAS 시스템에서도 같은 서비스를 제공할 수 있다.

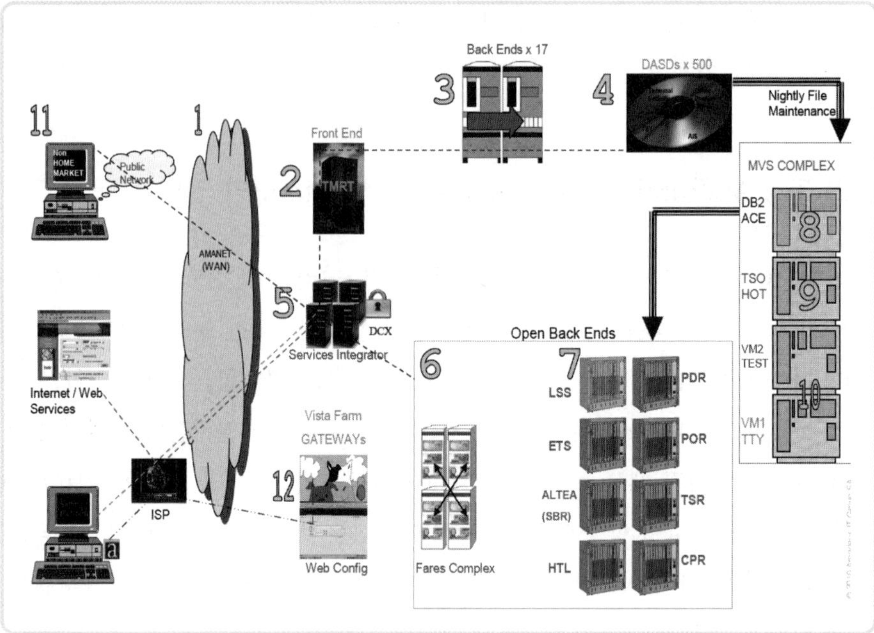

출처 : The Distribution System - Amadeus support information

3) TOPAS SellConnect & TOPAS SellConnect-M[2)]

TOPAS는 웹 기반의 TOPAS SYSTEM으로, 웹 터미널과 같이 인터넷을 활용한 항공예약시스템이 개발되어 인터넷 환경이 가능한 곳이라면 어디에서나 항공예약 작업이 가능하다. 개발 전에는 단말기를 항공사로부터 임대하여 사용하였으며, 항공예약업무 카운터 직원에게만 부여하였다.

여행사 측면에서는 비용과 공간, 그리고 부가기능 활용이 늘어남에 따라 여행사 직원들이 자체 컴퓨터에 인터넷 접속만을 통해 사용할 수 있게 된 것이다.

따라서 TOPAS와 관련된 프로그램을 다운받고 로그인 번호를 부여받은 다음에는 손쉽게 접속하여 항공예약을 할 수 있다. 특히 여행사 직원들은 하나의 PC를 이용하여 OP업무뿐만 아니라 항공예약업무 등 다용도로 활용할 수 있어 공간 활

2) http://www.topasweb.com/

용에 유리하며, 인터넷 환경에서의 다양한 기능의 장점이 있다. 또한 CRS는 대학 등 교육기관에서도 웹 터미널을 교육용으로 사용할 경우 소정의 절차를 걸쳐 학생들에게 교육할 수 있도록 하고 있다.

TOPAS에서 제공하는 TOPASRO-M은 모바일 예약 시스템으로 기존의 오프라인 시스템에서 제공하는 기능을 모바일에 그대로 구현하여 시간과 장소에 제약 없이 중요한 항공예약업무를 수행할 수 있는 시스템으로 모바일 환경에서 항공스케줄 조회 및 간편 예약, Sale 조회, ITR 발송, PNR 매니저, SKYPASS 등 항공예약업무의 핵심기능을 제공받을 수 있다. 대상 기기는 스마트폰인 아이폰 및 안드로이드폰과 테블릿 PC인 아이패드, 갤럭시 탭으로 사용이 가능하나, 발권 기능은 제한이 되어 있다.

TOPAS SellConnect-M 화면

제 2 절 TOPAS SellConnect

TOPAS SellConnect powered by Amadeus

1 웹 터미널의 TOPAS 시작

먼저 TOPAS System을 사용하기 위해서는 TOPAS SellConnect에 접속한다.

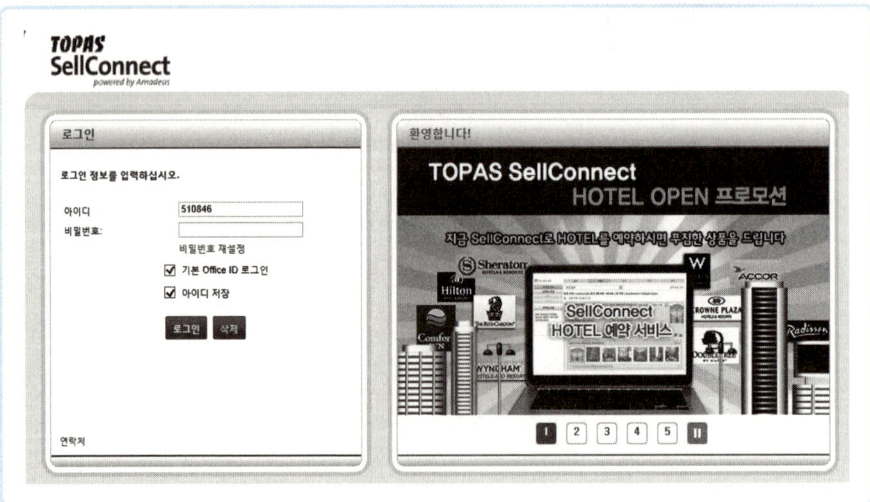

인터넷 인스플로러, 파이어폭스, 구글 크롬 등 다양한 Web Browser를 사용할 수 있다. 100% Web기반으로 별도의 시스템 설치가 필요치 않으며 언제 어디서나 (Anytime/Anywhere) 사용이 가능하다. www.topassellconnect.com으로 접속하면 위의 화면과 같다.

위의 화면이 나오고 로그인 화면이 나오면 자신이 부여받은 User Id와 Password를 입력하고 확인을 누른다. User Id와 Password는 관리자로 등록된 회원의 경우 회원 가입 시 지정되며, TOPAS사로부터 사용 약정 후 지정받은 것이다.

2 초기화면 및 KEY BOARD 사용법

1) 화면상의 기본 표시

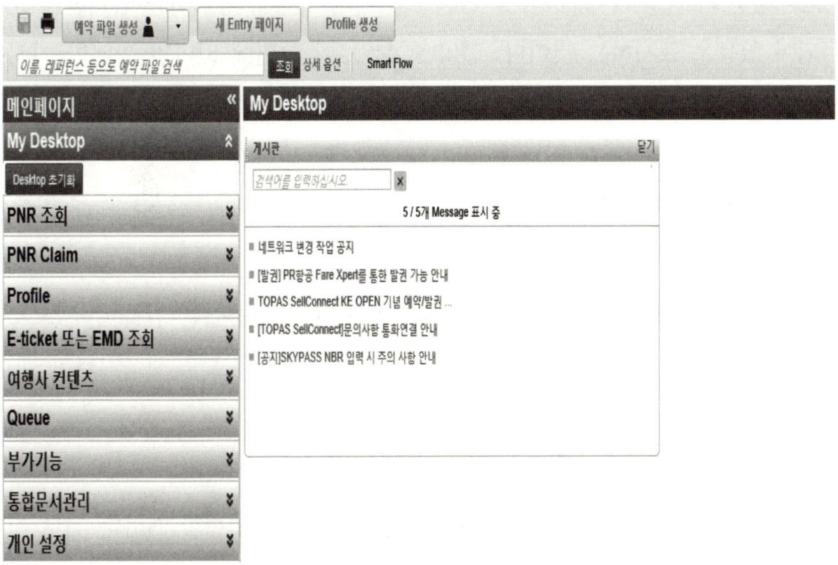

로그인 후에는 위의 그림과 같이 초기화면이 생성된다. 새 Entry페이지에서 스케줄, PNR 조회와 예약을 할 수 있다. 새 Entry페이지를 Click하면 Entry화면으로 이동된다.

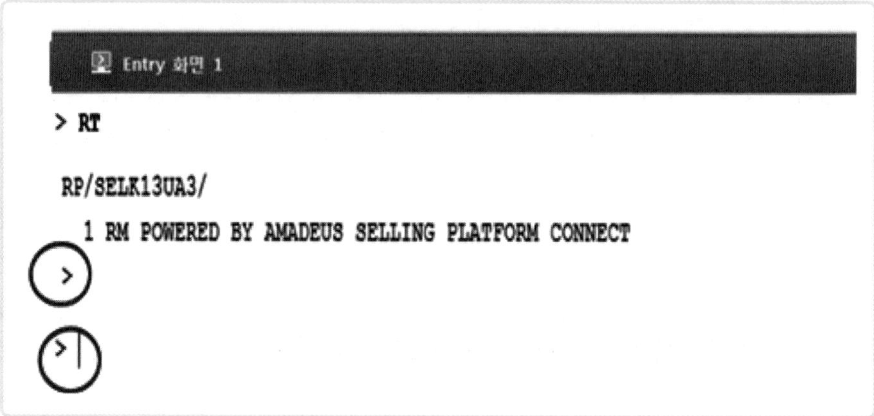

웹 터미널에 로그인을 하면 웹 부킹작업을 위한 초기화면이 나타난다. 화면에는 〉(SOM : Start Of Message)와 ｜(Cirsor)가 나타나는데, 명령어를 입력받을 준비가 되어 있음을 표시하는 것이다. 만약 SOM(〉)이 화면에 없다면 어떠한 지시어를 넣어도 응답을 얻을 수 없다.

① 〉 : SOM(Start Of Message)

지시어(Entry)의 시작위치를 명시해 주며, 단말 기종에 따라 〉나 ＋로 표시되기도 한다. SOM이 현재의 화면상에 없으면 지시어에 대한 응답을 얻을 수 없으므로 이때는 Esc 키나 화면 Clear Toolbar를 클릭하여 SOM 부호를 생성시켜야 한다.

② ｜ : Cursor

지시어의 각 글자가 Type될 위치를 알려주며 한 자씩 입력할 때마다 뒤로 이동한다. Cursor는 ｜Type(삽입기능)과 _Type(겹침기능)이 있다. TOPAS SellConnect의 Cursor는 겹침기능으로 이미 입력된 내용에 덧붙여 입력되므로 주의해야 한다.

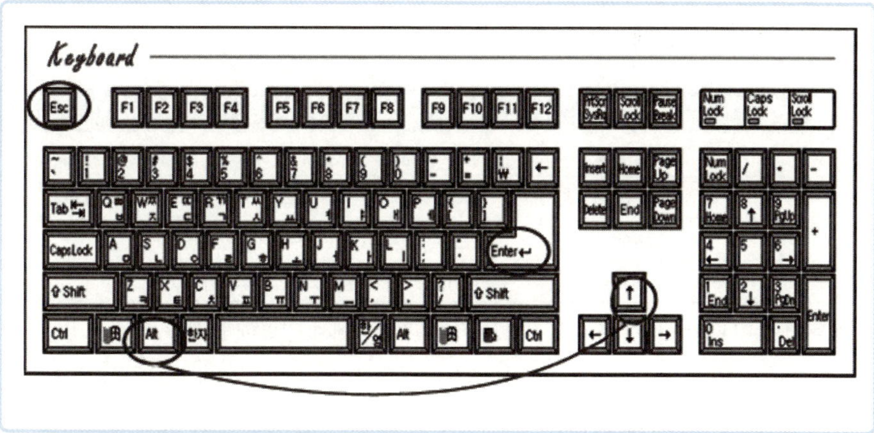

③ Enter↵ : Enter Key 역할

지시어(Enter)를 Main Computer로 보내어 작업을 수행시키는 역할을 하며, 컴퓨터에서 Enter Key 역할을 담당한다. 기존의 TOPAS 기능에서는 Ctrl키를 사용하였지만, TOPAS SellConnect에서는 Enter Key를 사용한다.

④ ESC

기존의 TOPAS 기능에서는 화면을 Clear하는 기능이 존재하였으나, TOPAS SellConnect은 화면을 Clear하는 Esc 기능이 존재하지 않는다.

④ Pause

현재 Display되어 있는 화면은 위로 이동하면서 현재 화면은 아래화면으로 이동한다. 하지만 화면의 내용이 Clear되는 기능은 아니다.

⑥ Entry History

Alt + ↑

해당 Key를 누르면 이전에 입력한 Entry 재조회 후 선택하여 다시 입력할 수 있는 기능

2) 지시어와 함께 쓰는 부호들

부 호	명 칭	주기능
*	Asterisk	예약기록을 화면상에 Display, 조회 정리 기능
@	Lozenge	입력된 내용의 삭제 또는 수정
/	Slash	다른 내용의 Item 분류 기능, Insert
–	Hyphen	From ~ To 또는 이름 입력 지시어

※ 현재 *는 [key로 @는] Key로 맞춰져 있어 자판상에서 간편하게 사용 가능

3) 스크롤 키(화면이동)

```
> HE MD
                        HOW TO SCROLL          EN   28JAN08 0919Z
 FOR AN EXPLANATION, PLEASE ENTER:  MS64
 TASK                                                      REFERENCE
 ----                                                      ---------
 SCROLLING IN AMADEUS INFORMATION PAGES AND ONLINE HELP         MS85
 SCROLLING IN AMADEUS AIR                                      MS106
 SCROLLING IN A PNR OR PROFILE                                 MS169
 SCROLLING IN AMADEUS TICKETING                                MS190
 SCROLLING IN AMADEUS CAR RESERVATION                          MS232
 SCROLLING IN AMADEUS HOTEL RESERVATION                        MS274
 SCROLLING IN AMADEUS RAIL SEAT MAPS                           MS295
 SCROLLING IN TIMATIC                                          MS316
                                                                >MD
```

```
ROE 1019.400 UP TO 100.00 KRW
30JUL14**30JUL14/YY SELPAR/NSP;TS/TPM  5626/MPM  8342
LN FARE BASIS    OW    KRW   RT    B PEN  DATES/DAYS   AP MIN MAX R
01 FIF         6669800             + -     -     -     -   -   - M
02 CIF         5229900             + -     -     -     -   -   - M
03 FIF                   10261100  + -     -     -     -   -   - M
04 CIF                    8046000  + -     -     -     -   -   - M
>                                                  PAGE  1/ 3
```

지시어 입력 후 응답화면 하단의 page 1/3표시가 나타거나 MD가 표시되면 응답화면 밑으로 DISPLAY할 내용이 더 있다는 표시로 MD하여 아래로 화면을 내려 볼 수 있다.

① MD : Move Down(화면에 나타난 내용 이후 부분을 볼 때)

② MB : Move Bottom(화면에 나타난 내용의 마지막 부분을 볼 때)

③ MU : Move Up(현재 화면 내용의 앞부분을 보려고 할 때)

④ MT : Move Top(현재 화면 내용의 제일 첫 부분을 볼 때)

4) Office ID Structure

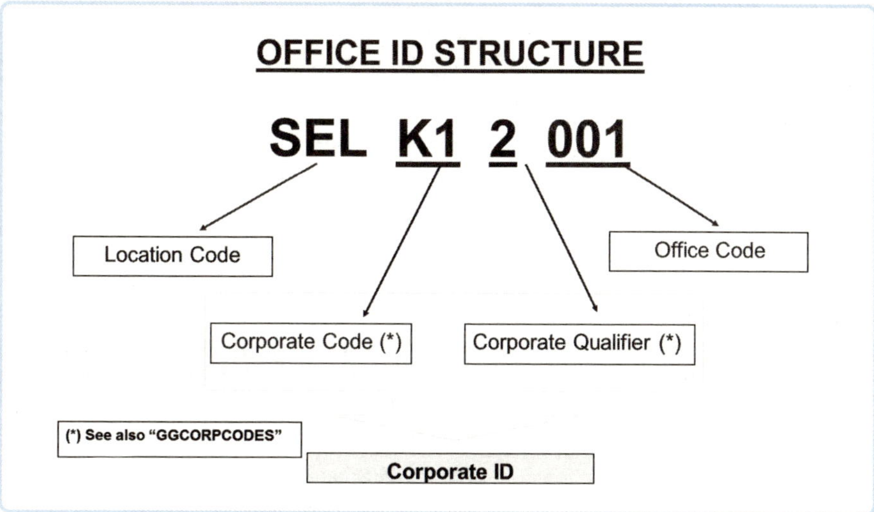

SEL - Location Code(지역코드)로 사용되고 있는 위치를 표시한다.

예를 들어 부산에서 사용되는 Id라면 PUS로 부여된다.

K1 - Corporte Code(업체코드)로 K1은 TOPAS를 의미한다.

2 - Coporate Qualifier(업체 성격별 구분코드)로 1 : Airline(항공사),

2, 3 : Travel Agencies(여행사), 4 : Hotel Provider(호텔),

5 : Car Provider(렌터카 회사) 등에게 부여된다.

001-Office Code Range(대리점 식별코드)로 실제로 부여되는 고유코드이다.

5) Corporate Code 조회 Entry

GG CORP CODES K → 코드로 조회

GG CORP NAMES K → 업체명으로 조회

기업의 유자격자 코드(Corporate Qualifier Codes)

Code	개 요
0	Amadeus 사용자와 Amadeus Altea 예약항공사
1	가입항공사(Participating Airlines)
2, 3	여행사(Travel Agencies)
4	호텔 공급자(Hotel Providers)
5	렌터카 공급자(Car Providers)
6	여행 공급자(Tour Providers)
7	육상수송공급자(Surface Providers)
8	기타 공급자(Other Providers)
9	홀 세일(Whole sale)

Office Type Codes

Code	항공사 Office Type
001–0ZZ	공항 업무소(Airport Offices)
100–54Z	발권 업무소(Ticketing Offices)
550–59Z	좌석 컨트롤(Space Control)
555	거절된 큐(Queue)에 관한 좌석 컨트롤
600–899	다목적용(Miscellaneous)
8AA–8ZZ	인터넷 업무소(Internet Offices)
900–94Z	교육용(Training Offices)
980–98Z	헬프데스크(Help Desk)
Code	**여행사, 서비스공급자 Office Type**
001–0ZZ	공항 업무소(Airport Offices)
100–899	시내 업무소(Town Offices)
8AA–8ZZ	인터넷 업무소(Internet Offices)
900–94Z	교육용(Training Offices)

3 SIGN In과 SIGN Out[3)]

CRT를 사용하는 사람들에게는 고유의 등록된 Sign In이 주어진다. 왜냐하면 CRT를 사용하는 사람들은 업무상 문제를 가지고 있는 경우가 있을 때 본인이 한 작업에 대한 확인 및 책임을 부여할 수 있도록 Sign 제도를 채택하였다. 따라서 Sign In을 부여받은 사람은 CRT를 사용할 때마다 자신의 Sign In을 입력하여야 작업을 할 수 있으며, 작업한 모든 예약 기록은 자신이 Sign In을 넣은 작업장에 남게 된다.

1) Sign In의 입력 및 구성

JI 0008HH/GS
① ② ③

① JI : Sign in Transaction Code(사인 입력지시어)

② 0008 HH : Agent Sign, 각 직원에 주어지는 고유의 비밀번호이다.

③ /GS : Slash, Duty Code, Slash는 분류 기능이며, 각 직원이 수행하는 업무의 성격에 따라 부여되며 GS는 General Sales Agent를 나타낸다.

2) 작업장의 확인(Display)

Sign In이 들어있는지의 유무를 확인하기 위해서 JD 명령어를 삽입한다.

JI*0008HH / GS 모든 작업장에 Sign In 입력 후 JD 를 입력하면 다음과 같이 작업장 환경을 확인할 수 있다.

3) TOPAS WORKSHOP 내부자료(2013.7.2)

Entry 화면 1

```
> JD

9CB9CA77          SELK1338F                    PSEUDO CITY : SEL

AREA  TM  MOD SG/DT.LG TIME QCAT ACT.Q   STATUS      NAME
A-IN      PRD AA/SU.EN  24  025          SIGNED
B                                        NOT SIGNED
C                                        NOT SIGNED
D                                        NOT SIGNED
E                                        NOT SIGNED
F                                        NOT SIGNED
>
```

가장 최근에 Sign In 한 작업장 순으로 보이며,

① SELK1338F-Terminal의 고유주소

② AREA 작업장 : A, B, C, D, E, F의 작업장을 나타내며 현재 작업 중은 IN으로 표시

③ TM : Type Mode

④ MOD : MODE(PRD : Production Mode, TRN은 Training Mode로 교육용 시스템을 말한다.)

⑤ SG : SIGN CODE 로 대리점 조회코드

⑥ DT : DUTY SIGN : 각 직원이 수행하는 업무의 성격에 따라 부여되는 코드

⑦ LG : LANGUAGE(사용언어)로 영어로 Display되어 EN으로 표시되어 있음.

⑧ QCAT ACT.Q : Queue 관련사항

⑨ STATUS : Sign 입력상태 및 현재 작업 중인 내용

⑩ NAME : 작업 중인 PNR이 있는 경우 승객이름이 보여짐.

3) 작업장의 이동(Display)

JMC ↵

→ 이미 SIGN In 되어 있는 작업장 C로 이동(작업장 이동)

JXC ↵

→ SIGN In과 동시에 작업장을 이동하고자 하는 경우

(A 작업장에 Sign Out 되고, C 작업장에 Sign In 됨)

```
>JXC
A-OUT C-SIGN COMPLETE/10DEC/SU
WELCOME TO THE SKL NATIVE SYSTEM.
*TRN*
```

4) 작업장의 Sign Out

Sign In이 들어가 있는 각 작업장의 사인을 빼려고 하면 해당 작업장의 이동한 후에 Sign Out 지시어를 입력해야 한다. Sign이 Out 되면 Sign 번호를 모르는 타 직원들은 CRS를 사용할 수 없게 되며, 이미 작업한 내용에 대한 문제 발생의 여지가 사라지게 된다. 예약한 내용을 보호 관리하기 위해서 예약직원은, 자리를 비울 경우 Sign Out 하는 것이 바람직하다.

(1) 현재 작업장의 Sign Out과 전체 작업장의 Sign Out

JO ↵ JO*

```
>JO
C-NOT SIGNED D-IN                    *TRN*
```

TRN 표시는 현재 작업장 환경이 교육용 시스템임을 보여주고 있다.

전체 작업장의 Sign Out

```
>JO*
5833823F      BKK1A098R      PSEUDOCITY : EHD
AREA   TM   MOD  SG/DT.LG TIME  QCAT   ACT.Q   STATUS    NAME
A             24                 NO          SIGNED
B                                NOT         SIGNED
C                                NOT         SIGNED
D                                NOT         SIGNED
E                                NOT         SIGNED
F                                NOT         SIGNED
*TRN*
```

(2) 특정 작업장의 Sign Out

```
JOB
```

```
> JOB
B-NOT SIGNED A-IN
*TRN*
```

Sign In이 A, B 작업장에 들어가 있고, 현재 A 작업장을 사용하고 있으면서 B 작업장의 Sign In을 빼고자 할 경우에는 JOB를 입력하여 Sign Out 한다.
작업장 B는 Sign Out 되고 A는 Sign In 되어 있다.

★ Graphic User Interface 화면은 입력방식이 아닌 사용자 이름과 비밀번호를 함께 입력하는 로그인 방식이다.

제 3 절 Decode와 Encode[4)]

1 항공예약의 정의[5)]

항공예약 시스템상에서 사용되고 있는 언어는 컴퓨터가 인식할 수 있는 코드를 사용한다. 즉 명령어를 입력할 때 긴 문장으로 작성한다면 입력하는 데 시간도 많이 걸리고 오타가 일어날 가능성도 높아진다. 그래서 명령어를 가급적 간결하게 만들어 사용하여 전 세계 항공사와 CRS는 업무의 정확성과 신속성을 기하고 있다. 따라서 항공의 예약 및 발권에 필요한 도시, 공항, 항공사, 클래스, 항공기 기종 등과 같은 암호화된 코드가 의미하는 일반적인 언어를 알아보기 기능을 Code로 만들어 쓰고 있다. 일반적으로 언어를 예약 시스템이 인식할 수 있도록 암호화된 코드로 바꾸는 것이 Encode 기능이며, 반대로 Code의 의미를 풀어보는 작업이 Decode이다. Decode와 Encode 기능은 항공작업 때 상당히 효율적으로 쓰이므로 가능한 숙지를 하는 것이 좋다.

4) 장양례, 양정임(2012), 항공예약실무, 백산출판사, pp. 47~53.
5) 장양례(2006). 항공예약실무실습, 한국학술정보(주), pp. 11~17.

2 Decode 작업

디코드(Decode)는 코드를 해독한다는 뜻으로 암호화된 코드가 의미하는 일반적인 언어로 풀어보는 작업 기능이다.

1) 도시(City)코드

DACPAR

① D : DO

② A : A

③ C : Code

기본지시어는 DAC이며 PAR 도시 코드를 모를 때 DACPAR를 입력한다. 이때 DAC 뒤에 알고자 하는 도시 코드를 입력하면 된다.

Entry 화면 1

```
>DACPAR

DACPAR
A:APT B:BUS C:CITY G:GRD H:HELI O:OFF-PT R:RAIL S:ASSOC TOWN
CITY :
 PAR C   PARIS                         /FR:FRANCE
```

① PAR : 도시 CODE

② A : AIRPORT(공항)　　　B : Bus/Coach station(버스터미널)

C : CITY의 약자 해당도시　　　G : Ground Transport(지상교통)

H : Heliport(헬리콥터 발착장)　　O : Off-Point : Off-Line Point

R : Railway Station(철도)　　S : Associated Town(인근마을)

③ PARIS : PAR Full Name이 표시됨

④ /FR : FRANCE : 국가명

각 항목이 약어로 표시됨을 볼 수 있으며, City, Airport, Heliport, Rail 등 화면에 모든 Data가 보여진다.

```
AIRPORT-HELIPORT :
  BVA A  BEAUVAIS TILLE          /FR        -  OK
  XCR A  CHALONS VATRY           /FR        -  OK
  CDG A  CHARLES DE GAULLE       /FR        -  OK
  LBG A  LE BOURGET              /FR        -  OK
  ORY A  ORLY                    /FR        -  OK
```

① BVA : 도시 CODE

② A : Airport의 약자

③ BEAUVAIS : 도시 Full Name이 표시됨

④ /FR : 국가코드 FRANCE 국가명이 FR약어로 표시

```
RAIL-BUS STATION :
  XEX B  AEROGARE DES INV BUS    /FR        -  OK
  XTT B  ARC DE TRIOMPHE BUS ST  /FR        -  OK
  XGB B  MONTPARNASSE BUS STN    /FR        -  OK
```

① XEX : 버스 정류장 코드

② B : BUS의 약자

③ AEROGARE : 버스정류장 명

④ /FR : 국가코드

2) 주(State) CODE

캐나다나 미국에서는 같은 이름의 도시가 많기 때문에 반드시 주를 확인할 필요가 있다. 이때 아래와 같은 입력 지시어(Entry)를 사용하며, DNS는 입력지시어로 Don't Know State의 소리 나는 대로의 약자이며, US는 미국 국가 코드이며 CA 주가 어느 주(State)를 나타내는지 모를 때 아래와 같이 입력한다.

DNSUSCA

Entry 화면 1

```
> DNSUSCA

DNSUSCA
US CA CALIFORNIA/UNITED STATES OF AMERICA
```

① D : Don't

② N : Know(발음 나는 대로)

③ S : State

CALIFORNIA/UNITED STATES OF AMERICA 캘리포니아 주/미국
US : 미국국가코드 /A : 주(State)코드/ CALIFORNIA : 주 Full name/국가

연습 미국의 TX가 무슨 주인지 모를 때 쓰는 지시어는?
→ DNSUSTX

3) 국가(Nation) CODE를 알고자 할 때

DCFR

```
Entry 화면 1

>DCFR

DCFR
FR    FRANCE/W EUROPE              TC2
      CORSICA

EUR   EURO                         LOCAL/INTL PUBLISHED

FRA   FRANCE CITIZEN
FXX   FRANCE METROPOLITAN CITIZEN
ATF   FRENCH SOUTHERN TERRITORIES CITIZEN
```

① D : Do

② C : Code

③ FR : 국가코드

FRANCE : FR의 Full Name
EUROPE : 유럽지역
TC2 : Global Indicator의 Area2 지역 표시이며, 발권운임에서 학습하기로 함.

4) 항공사(Airline) 코드를 알고자 할 때

항공사 코드는 IATA에서 승인한 Two Letter Code와 고유의 Three Letter Code, Numeric Code(숫자코드)로 되어 있다. 나타내는 항공사의 코드가 어떤 항공사인지 알고자 할 때 입력하는 지시어이다.

DNAKE

Entry 화면 1

```
> DNAKE

DNAKE
KE/KAL 180 KOREAN AIR
```

① D : Don't

② N : Know(발음 나는 대로)

③ A : Airline

④ KE : 항공사 Code

KAL은 KE(대한항공)의 3 Letter Code이며, 180은 KE(대한항공)의 Numeric Code(숫자로 CODE화)이다. 마지막엔 KOREAN AIR로 대한항공의 Full Name이 표시된다.

DNA180

Entry 화면 1

```
> DNA180

DNA180
KE/KAL 180 KOREAN AIR
```

180의 Numeric Code를 모를 때 항공사 조회 방법과 동일하게 사용하며, 응답화면도 DNAKE와 동일한 화면으로 검색된다.

5) 항공기 기종(Aircraft) 코드

DNE744

```
Entry 화면 1

> DNE744
DNE744
744 W BOEING 747-400                              JET  362-569
```

① D : Don't

② N : Know(발음 나는 대로)

③ E : Equipment(비행기종)

④ 744의 기종을 모를 때

보잉사의 시리즈 기종임을 나타냄.

DNEBOEING

```
Entry 화면 1

> DNEBOEING
DNEBOEING
703 N BOEING 707-320/320B/320C/330B             JET  150-160
707 N BOEING 707/720B                           JET  130-219
B72 N BOEING 720/720B (707-020/020B)            JET  126-140
721 N BOEING 727-100                            JET   92-119
72M N BOEING 727-100 MIXED CONFIGURATION        JET   78-129
727 N BOEING 727-100/200/200 ADVANCED           JET   92-189
722 N BOEING 727-200                            JET  145-167
```

보잉기 종류가 모두 검색된다.

3 Encode 작업

일반적인 언어를 예약시스템이 인식할 수 있도록 암호화된 코드로 바꾸는 것이 Encode의 기능이다. City Code(도시 코드)는 Three Letter로 변환하여 도시 스케줄 조회나 예약 시에 사용한다. 앞에서 학습한 바와 같이 각 도시별 코드를 반드시 알아야 하지만, 모를 때는 도시명 Full name을 아래와 같이 입력하면 도시 코드를 찾을 수 있다. 이를 코드화 작업한다고 하여 엔코드(Encode)라고 한다.

1) 도시(City)명

DANCHICAGO

Entry 화면 1

```
> DANCHICAGO
DANCHICAGO
A:APT B:BUS C:CITY G:GRD H:HELI O:OFF-PT R:RAIL S:ASSOC TOWN
CHI C  CHICAGO                                          /USIL
     A  NOH - CHICAGO NAS               -  0K           /USIL
     A  RFD - CHICAGO ROCKFORD          -  0K           /USIL
     A  DPA - DUPAGE COUNTY             -  0K           /USIL
     A  GYY - GARY INTERNATIONAL        -  0K           /USIN
     A  CGX - MERRILL C MEIGS           -  0K           /USIL
     A  MDW - MIDWAY                    -  0K           /USIL
     A  ORD - O HARE INTERNATIONAL      -  0K           /USIL
     A  PWK - PAL WAUKEE                -  0K           /USIL
     R  ZUN - UNION RAILWAY STATION     -  0K           /USIL
```

① D : Do

② A : A

③ N : Name

④ CHICAGO : 도시 FULL NAME(코드화시키고자 하는 도시명을 입력)

CHICAGO의 도시 코드 CHI를 확인할 수 있으며, 시카고의 여러 공항 List가 조회된다.

DANCHI*

```
Entry 화면 1

>DANCHI*
DANCHI*
A:APT B:BUS C:CITY G:GRD H:HELI O:OFF-PT R:RAIL S:ASSOC TOWN
CMJ C  CHI MEI                                          /TW
    A  CMJ - CHI MEI                  -  OK             /TW
CNX C  CHIANG MAI                                       /TH
    A  CNX - CHIANG MAI INTL          -  OK             /TH
CEI C  CHIANG RAI                                       /TH
    A  CEI - CHIANG RAI               -  OK             /TH
ZDS C  CHIASSO                                          /CH
    R  ZDS - CHIASSO                  -  OK             /CH
CYI C  CHIAYI                                           /TW
    A  CYI - CHIAYI                   -  OK             /TW
QCB O  CHIBA                                            /JP
YMT C  CHIBOUGAMAU                                      /CAQC
    A  YMT - CHIBOUGAMAU              -  OK             /CAQC
CHI C  CHICAGO                                          /USIL
    A  NOH - CHICAGO NAS              -  OK             /USIL
    A  RFD - CHICAGO ROCKFORD         -  OK             /USIL
    A  DPA - DUPAGE COUNTY            -  OK             /USIL
```

① D : Do

② A : A

③ N : Name

④ CHI* : 도시 FULL NAME을 모를 때 도시의 Spelling 일부와 그 뒤에 *로 연결하여 조회하면 CHI로 시작하는 도시들이 모두 조회된다.

DANCHICAGO/S

Entry 화면 1

```
>DANCHICAGO/S
DANCHICAGO/S
A:APT B:BUS C:CITY G:GRD H:HELI O:OFF-PT R:RAIL S:ASSOC TOWN
MDW S CHICAGO HEIGHTS          - 38K SE         /USIL
ORD S CHICAGO HEIGHTS          - 72K SE         /USIL
ORD S CHICAGO MEDICAL SCH      -  0K NE         /USIL
ORD S CHICAGO OSTEOPATHIC      -  0K NE         /USIL
SMF S CHICAGO PARK             - 78K NE         /USCA
MDW S CHICAGO RIDGE            - 14K SW         /USIL
ORD S CHICAGO RIDGE            - 43K SE         /USIL
MDW S CHICAGO STATE U          - 17K SE         /USIL
CGX S CHICAGO STATE U          - 22K S          /USIL
ORD S CHICAGO STATE U          - 48K SE         /USIL
CGX S CHICAGO UNIV OF          - 11K S          /USIL
ORD S CHICAGO UNIV OF          - 40K SE         /USIL
MDW S CHICAGO UNIVERSITY OF    - 14K E          /USIL
```

CHICAGO의 인근지역을 확인하는 경우 사용한다.
공항 List들과 함께 인근지역, 방향, 거리, 주(State) 이름이 조회된다.
SE는 South East, NE는 North East 등으로 방향을 나타내며, USIL은 미국의 Ilinoise 주를 나타낸다.

2) 국가(Nations)명

DCFRANCE

```
Entry 화면 1

> DCFRANCE
DCFRANCE
FR    FRANCE/W EUROPE              TC2
      CORSICA

EUR   EURO                         LOCAL/INTL PUBLISHED

FRA   FRANCE CITIZEN
FXX   FRANCE METROPOLITAN CITIZEN
ATF   FRENCH SOUTHERN TERRITORIES CITIZEN
```

① D : Do

② C : Code

③ FRANCE : 알고자 하는 국가의 Full Name을 입력한다.

국가코드는 Decode와 Encode 지시어가 동일하다.

3) 항공사(Airlines)명

DNACATHAY PACIFIC

① D : Don't

② N : Know(발음 나는 대로)

③ A : Airline

④ CATHAY PACFIC : Cathay Pacific 항공사를 조회하고자 함.

항공사코드 조회지시어도 Decode와 Encode 지시어가 동일하다.

4) 주(States)명

DNSFLORIDA

Entry 화면 1

```
> DNSFLORIDA

DNSFLORIDA
US FL FLORIDA/UNITED STATES OF AMERICA
```

① D : Don't

② N : Know(발음 나는 대로)

③ S : State(주)

④ FLORIDA : FLORIDA주의 CODE를 조회하고자 함.

항공사코드 조회지시어도 Decode와 Encode지시어가 동일하다. 단지 CODE를 쓰거나 Full Name을 입력하거나의 차이이며, Florida주의 주 Code는 FL임을 Display된 내용을 통해서 알 수 있다.

학습정리-Decode/Encode

Quick Guide

도시/공항	DACLON DACLHR DANLONDON DANHEATHROW DANLON* (LON으로 시작하는 도시목록 확인) DANLONDON/S (LON 인근 지역 확인)
주	DNSUSCA DNSCALIFORNIA
국가	DCFR DCFRANCE
항공사	DNACX DNACATHAY PACIFIC DNA160(CX Numeric Code)
기종	DNE744 DNEBOEINGDNEAIRBUS
Multi Airport	DBNYC
최소연결시간(MCT)	DMJFK-EWR DMDL/JFK/10AUG(항공사/공항/날짜지정) DMI (PNR SEG가 있는 경우 전체 SEG의 MCT 조회)
Local Time	DD
특정 도시 Time	DDROM

최소연결시간(MCT) → 85, 130page 참조

연습문제

1. TOPAS의 약어를 풀이하고 TOPAS SYSTEM의 기능을 쓰세요.

2. 도시 코드 'TYO'를 DECODE하는 ENTRY는 무엇인가?

① DACTYO ② DNCTYO

③ DCTYO ④ DNATYO

3. 다음 ENTRY 중 틀린 것은?

① DNAKE ② DNSUSCA

③ DCFR ④ DN180

4. 주(State) 코드 NY를 조회하는 Entry를 작성하시오.

5. CATHAY PACIFIC 항공사의 코드는 무엇인가?

6. 미국의 ILINOSE의 주(STATE) 코드는 무엇인가?

7. Los Angeles의 도시 코드를 조회하시오.

8. AA는 무슨 항공사의 코드인가?

9. 스칸디나비아 항공사(Scandinavian Airlines)의 Two Letter Code를 고르세요.

① SA ② SK

③ SQ ④ SU

10. 중국, 상하이(SHANGHAI)의 도시 코드를 적으세요.

11. 다음을 ENCODE 하세요.

① AIR FRANCE AIRLINES(항공사) ② HONG KONG(국가)

③ NARITA AIRPORT(공항) ④ COLORADO.US(주)

12. 다음의 도시의 복수공항을 모두 쓰세요.

① LON ② NYC ③ PAR ④ TYO ⑤ WAS

13. 다음을 DECODE를 입력하세요.

① LH(항공사) ② GB(국가)

③ SHA(공항) ④ IN.US(주) ⑤ 744(기종)

14. 미국 신시내티(CINCICNATI)의 도시코드를 입력하세요.

제3장

항공예약의 기초 다지기

제1절 항공예약 스케줄 조회
제2절 PNR의 개념 및 구성요소

제 1 절 항공예약 스케줄 조회[1)]

1 항공예약 가능편(Availability) 조회

승객의 여정 예약 시 먼저 출/도착지의 도시 코드를 확인하고 출발일자를 입력하여 승객이 원하는 항공편에 예약 가능한 좌석이 남아 있는지 확인한다. 이때 출발일 지정시각 Month(월)의 코드는 다음과 같다.

1월: JAN	2월: FEB	3월: MAR	4월: APR	5월: MAY	6월: JUN
7월: JUL	8월: AUG	9월: SEP	10월: OCT	11월: NOV	12월: DEC

승객이 여행구간의 좌석을 요청한 경우 해당 날짜의 Availability를 조회하여 해당 항공편의 좌석을 예약한다. 지시어 AN(Availability)와 출발일, 출발지, 도착지 순으로 입력한다.

1) 장양례 · 양정임(2012). 항공예약실무, 백산출판사, pp. 59~77.
TOPAS SALES CONNECT예약의 기초(2013.7)

1) 기본지시어

AN1NOVSELBKK

```
Entry 화면 1
>an1novselbkk        ②

AN1NOVSELBKK
** AMADEUS AVAILABILITY - AN ** BKK BANGKOK.TH              157 FR 01NOV 0000
 1   LJ9999  E9 GR H9 L9 M9 Q9 S9 /ICN   BKK   1300   1820  E0/738      7:20
             T9 U9 W9 Y9
 2   KE 651  P6 A2 J9 C9 D9 I9 Z9 /ICN   BKK   1715   2105  E0/773      5:50
             Y9 B9 M9 H9 E9 K9 Q9 T9 GR
 3   LJ 001  W9 Y9 E9 H9 K9 N5 S9 /ICN   BKK   1720   2120  E0/738      6:00
             L9 Q9 V9 GL TL U9 B8 M8 X5
 4   OZ 741  C9 D9 Z9 U9 Y9 B9 M9 /ICN   BKK   1820   2210  E0/333      5:50
             H9 E9 Q9 K9 S9 V9 L9 W9 T9 G9
 5OZ:TG6727  C9 Y9 B9 M9 H9       /ICN   BKK   1820   2210  E0/333      5:50
 6   KE 653  P6 J9 C9 D9 I9 Z5 Y9 /ICN   BKK   1905   2255  E0/773      5:50
             B9 M9 H9 E9 K9 Q9 T9 GR
 7   OZ 743  C9 D9 Z9 U9 Y9 B9 M9 /ICN   BKK   2020   0010+1E0/763      5:50
             H9 E9 Q9 K9 S9 V9 L9 W9 T9 G9
```

① 날짜와 기준 시간

② 예약 가능 편 지시어 AN, 출발일, 출발지, 도착지

③ 항공사 코드 및 항공편 명

④ 예약 코드(Booking Code)별 예약가능 좌석 수

⑤ 출발시간과 도착시간

⑥ E-Ticket(전자항공권) 발권가능 표시, 도중 체류 횟수, 기종코드

⑦ 공동운항표시 OZ/ TG6727 : Code Share 항공편(OZ741편 항공편으로 TG 항공기 이용)

⑧ 비행시간

AN25NOVSELBKK * 29NOVBKKSEL

출발지, 출발일, 다음 여정의 각 구간별 출발일 지정하여 동시에 조회할 수 있다.(서울출발 11월 25일 방콕행, 리턴 방콕출발 11월 29일 서울행 조회)

Entry 화면 1

```
> an25novselbkk*29novbkksel       ①

AN25NOVSELBKK*29NOVBKKSEL              ②                                  ③
** AMADEUS AVAILABILITY - AN ** BKK BANGKOK.TH            181 MO 25NOV 0000
 1   LJ9999  E9 GR H9 L9 M9 Q9 S9 /ICN   BKK   1300   1820  E0/738     7:20
             T9 U9 W9 Y9
 2   KE 651  P6 J9 C9 D9 I9 Y9 B9 /ICN   BKK   1715   2105  E0/773     5:50
             M9 H9 E9 K9 Q9 T9 GR
 3   LJ 001  W9 Y9 E9 H9 K9 N5 S9 /ICN   BKK   1720   2120  E0/738     6:00
             L9 Q9 V9 GL TL U9 B8 M8 X5
 4OZ:AC6996  J4 C4 Z4 Y4 B4 M4 H4 /ICN   BKK   1820   2210  E0/333     5:50
             Q4 V4 W4 S4 L4
 5   OZ 741  C9 D9 Z9 U9 Y9 B9 M9 /ICN   BKK   1820   2210  E0/333     5:50
             H9 E9 Q9 K9 S9 V9 L9 W9 T9 G9 ④                    ⑤
** AMADEUS AVAILABILITY - AN ** SEL SEOUL.KR              185 FR 29NOV 0000
11   KE 654  P6 A2 J9 C9 D9 I9 Z9 /BKK   ICN   0015   0720  E0/773     5:05
             Y9 B9 M9 H9 E9 K9 Q9 T8 GR
12   OZ 744  C9 D9 Z9 U9 Y9 B9 M9 /BKK   ICN   0120   0830  E0/763     5:10
             H9 E9 Q9 K9 S9 V9 L9 W9 T9 G9
13   LJ 002  W9 Y9 E9 H9 K9 N5 S9 /BKK   ICN   2235   0600+1E0/738     5:25
```

① AN 25NOVSELBKK*29NOVBKKSEL : 출발일 지정 및 귀국 편 Dual City Pair 스케줄 확인 지시어

② 2번라인 : SEL BKK 구간의 스케줄 : LJ, KE, OZ스케줄 조회됨

③ 출발 기준일 서울-방콕 구간의 날짜 및 요일 MO(Monday)

④ 귀국편(Return) BKK SEL 구간의 스케줄

⑤ 귀국일 29NOV이며 FR(Friday)

2) 선호 항공사 지정 후 조회 지시어

ANCX15OCTSELHKG

서울-홍콩 구간에 한하여 CX 항공사만 조회된다.

```
Entry 화면 1

>ANCX15OCTSELHKG

ANCX15OCTSELHKG
** CATHAY PACIFIC - AN ** HKG HONG KONG.HK              244 TU 15OCT 0000
 1   CX 421  J9 C9 D9 I9 Y9 B9 H9 /ICN   HKG 1  0930   1345  E1/772       5:15
             K9 M9 L9 V9 S9 N9 Q9 OL
 2   CX 415  J9 C9 D9 I9 Y9 B9 H9 /ICN   HKG 1  0850   1130  E0/333       3:40
             K9 M9 L9 V9 S9 N9 Q9 OL
 3   CX 417  J9 C9 D9 I9 Y9 B9 H9 /ICN   HKG 1  1020   1300  E0/343       3:40
             K9 M9 L9 V9 S9 N9 Q9 OL
 4   CX 411  J9 C9 D9 I9 Y9 B9 H9 /ICN   HKG 1  1515   1750  E0/773       3:35
             K9 M9 L9 V9 S9 N9 Q9 OL
 5   CX 419  J9 C9 D9 I9 Y9 B9 H9 /ICN   HKG 1  2005   2245  E0/77W       3:40
             K9 M9 L9 V9 S9 N9 Q9 OL
 6   CX 421  J9 C9 D9 I9 Y9 B9 H9 /ICN   TPE 1  0930   1100  E0/772
             K9 M9 L9 V9 S9 N9 Q9 O9
     CX 511  J9 C9 D9 I9 Y9 B9 H9 /TPE 1 HKG 1  1315   1500  E0/773       6:30
             K9 M9 L9 V9 S9 N9 Q9 O9
 7   CX 421  J9 C9 D9 I9 Y9 B9 H9 /ICN   TPE 1  0930   1100  E0/772
             K9 M9 L9 V9 S9 N9 Q9 O9
     CX 495  J9 C9 D9 I9 Y9 B9 H9 /TPE 1 HKG 1  1405   1540  E0/333       7:10
             K9 M9 L9 V9 S9 N9 Q9 O9
```

3) 항공사 지정 후 조회 지시어

AN25SEPHKGICN/AKE

특정항공사 지정은 해당 항공사만 조회 가능

Entry 화면 1

```
              H9 Q9 T9 K9 S9 V9 W9
*TRN*

> AN25SEPHKGICN/AKE

AN25SEPHKGICN/AKE
** AMADEUS AVAILABILITY - AN ** ICN INCHEON INTERNA.KR       120 WE 25SEP 0000
 1   KE 608  R9 A4 J9 C9 D9 I9 Z9 /HKG 1 ICN    0045    0525  E0/388       3:40
             Y9 B9 M9 H9 E9 K9 Q9 T9 GR
 2   KE 604  P6 A2 J9 C9 D9 I6 Z6 /HKG 1 ICN    1205    1640  E0/333       3:35
             Y9 B9 M9 H9 E9 K9 Q9 T0 GR
 3   KE 614  P5 A2 J9 C9 D7 I5 Z5 /HKG 1 ICN    1405    1840  E0/333       3:35
             Y9 B9 M9 H9 E9 K9 Q9 T0 GR
 4   KE 602  R8 A2 J9 C9 D9 I9 Z9 /HKG 1 ICN    1740    2215  E0/77W       3:35
             Y9 B9 M9 H9 E9 K9 Q9 T9 GR
*TRN*
```

AN30SEPSELBKK/A-KE

- KE 제외 항공편 조회: 9월 30일 서울 출발 방콕행의 대한항공편을 제외한 항공사 조회 기능

(1) 선택사항(Options) 지정 지시어 : 알아두면 편리한 기능

지시어	내 용
AN25NOVICNTYO0900	AVBLTY가능편 조회 시 출발 시간 09:00 기준 지정
AN25NOVICNPAR/XHKG	ICN에서 PAR까지 HKG으로 연결되는 스케줄 조회(Display) 예) ICN-HKG-PAR
A25NOVICNLAX/CF	ICN-LAX 구간을 F Class로 조회(특정 Booking Code 지정)
ANSFO	현 단말기가 위치한 도시(City)를 출발지로, 지시어 입력일 예약가능편 조회
AN25NOVSELHKG/AKE	KE(대한항공)만 지정하여 조회(특정항공사 지정조회)
AN30SEPSELBKK/A-KE	KE(대한항공) 제외 항공편 조회
AN30SEPSELBKK/A+KE	CODE SHARE FLT(공동운항비행편)을 제외한 KE운항편만 조회
AN*O30SEPSELBKK	ONEWORD항공편만 조회
AN*S30SEPSELBKK	SKYTEAM항공편만 조회
AN*A30SEPSELBKK	STAR ALLIANCE항공편만 조회

AN30SEPSELBKK/CH/AKE*15OCTBKKSEL/CH/AKE

DUAL CITY PAIR DISPLAY

① AN30SEPSELBKK/CH/AKE 조회 후 AN15OCTBKKSEL/CH/AKE 조회를 동시에 연결하여 조회하는 지시어

② 서울-방콕 출발일 : 30SEP, 방콕-서울 출발일 15OCT

③ CH : Class의 약자 C와 Booking Code : H class

④ AKE : 대한항공으로 항공사 지정

⑤ * : 구분 키(Key)로 and의 기능

Entry 화면 1

```
>AN30SEPSELBKK/CH/AKE*15OCTBKKSEL/CH/AKE

AN30SEPSELBKK/CH/AKE*15OCTBKKSEL/CH/AKE
** AMADEUS AVAILABILITY - AN ** BKK BANGKOK.TH              223 MO 30SEP 0000
 1  KE 651  H9                   /ICN  BKK   1740   2110  E0/744      5:30
 2  KE 653  H9                   /ICN  BKK   1840   2210  E0/773      5:30
 3  KE 659  H9                   /ICN  BKK   2020   0005+1E0/333      5:45

** AMADEUS AVAILABILITY - AN ** SEL SEOUL.KR                238 TU 15OCT 0000
11  KE 660  H9                   /BKK  ICN   0135   0905  E0/333      5:30
12  KE 652  H9                   /BKK  ICN   2240   0600+1E0/744      5:20
13  KE 654  H9                   /BKK  ICN   2345   0705+1E0/773      5:20
```

(2) 간편 지시어 : 알아두면 편리한 기능

지시어	내 용
MPAN	MOVE PREVIOUS AN(바로 전 화면 예약 가능편 다시보기)
MDAN	MOVE DOWN AN(다음 화면을 더 조회할 때)
MUAN	MOVE UP AN(조회된 위의 화면을 조회할 때)
MTAN	MOVE TOP AN(조회된 맨 위의 화면으로 보기)
MBAN	MOVE BOTTOM AN(조회된 맨 아래 화면으로 보기)
MOAN	Origin AVBLTY 바로 조회(초기 조회한 구간을 다시 조회)
MN	MOVE NEXT DAY(조회되어 있는 예약가능편의 다음 날짜로 조회)
MY	현재 조회되어 있는 예약가능편의 하루 전 날짜로 조회
AC1	현재 조회되어 있는 예약가능편의 다음 날짜로 조회
AC-1	현재 조회되어 있는 예약가능편의 하루 전 날짜로 조회
AC1*	듀얼 도시 조회(Dual City Pair)로 복편(Return)이나 다음 여정 동시조회화면 중 첫 페이지(출발지)만 하루 뒤로 조회
AC*1	Duel City Pair로 조회된 화면 중 두 번째 페이지(출발지 제외하고 리턴이나 다음 여정)만 하루 뒤로 조회
AC20FEB	현재 조회(Display)되어 있는 여정의 2월 20일로 예약가능편 변경조회
ACR	현재 조회(Display)되어 있는 AVBLTY화면의 복편(Return)구간 AVBLTY 조회
ACR20FEB	현재 조회(Display)되어 있는 구간을 2월 20일로 지정하여 복편(Return)조회
AC/APR	항공사를 PR로 변경하여 조회

2 Schedule / Time Table 조회

1) Schedule 조회

해당 도시 간 항공편의 운항 스케줄을 확인하는 방식으로 좌석의 잔여좌석확인이 목적이 아니라, 서울-동경 간 항공운항편의 스케줄을 조회하는 경우에 사용한다.

※ 예제 : 9월 30일 서울-방콕구간 스케줄 조회

SN30SEPSELBKK

AN화면과 거의 비슷하나, AN화면은 실제 예약(Booking)이 가능한 좌석이 보이지만 SN 화면은 스케줄만 조회한다.

① SN : Schedule 확인하는 기본 입력 지시어

② 30SEP : 출발일자

③ SELBKK : 출/도착지

2) Time table 조회(요일별 SKD)

TN30SEPSELBKK

요일별 스케줄 조회는 조회구간에 항공편이 요일별로 Daily로 몇 편이 운항하는지의 여부와 운행요일, 비행횟수를 쉽게 파악할 수 있다.

① TN : Time Table 확인하는 기본 입력 지시어

② 30SEP : 출발일자

③ SELBKK : 출/도착지

```
Entry 화면 1

> SN30SEPSELBKK

SN30SEPSELBKK
** AMADEUS SCHEDULES -(SN)** BKK BANGKOK.TH                223 MO 30SEP 0000
1TG:OZ6761  C9 Y9                 /ICN  BKK   0935   1325  E0/773        5:50
2   TG 659  C9 D9 J9 Z9 I9 Y9 B9 /ICN  BKK   0935   1325  E0/773        5:50
            M9 H9 Q9 GR T9 K9 S9 V9 W9 X9
3   LJ 001  W9 Y9 E9 H9 K9 N5 S9 /ICN  BKK   1720   2120  E0/738        6:00
            L9 Q9 V9 GL TL U9 B8 M8 X5 OS
4KE:KQ5101  J4 C4 D4 I4 Z4 Y4 B4  ICN  BKK   1740   2110  E0/773        5:30
            M4 U4 K4 H4 L4 Q4 T4 E4 N4 R4 V4 GS XS
5   KE 651  RX P9 FX J9 C9 D9 I9 /ICN  BKK   1740   2110  E0/744        5:30
            Y9 B9 M9 H9 E9 K9 Q9 T9 G9
6OZ:AC6996  J4 C4 Z4 Y4 B4 M4 H4 /ICN  BKK   1820   2210  E0/333        5:50
            Q4 V4 W4 S4 L4
7   OZ 741  C9 D9 Z9 U9 I9 R9 Y9 /ICN  BKK   1820   2210  E0/333        5:50
            B9 M9 H9 E9 Q9 K9 S9 V9 L9 W9 TR GR X9 N9
8   KE 653  RX P6 FX J9 C9 D9 I9 /ICN  BKK   1840   2210  E0/773        5:30
            Y9 B9 M9 H9 E9 K9 Q9 T9 G9
```

Entry 화면 1

```
> TN30SEPSELBKK

TN30SEPSELBKK  ①
** AMADEUS TIMETABLE - TN ** BKK BANGKOK.TH              ② 30SEP13 07OCT13
 1TG:OZ6761  D    ICN  BKK   0935   1325   0 31MAR13 26OCT13 773  5:50
 2   TG 659  D    ICN  BKK   0935   1325   0 31MAR13         773  5:50
 3   LJ 001  D    ICN  BKK   1720   2120   0 31MAR13         738  6:00
 4KE:KQ5101  D    ICN  BKK   1740   2110   0 31MAR13 26OCT13 773  5:30
 5   KE 651  D    ICN  BKK   1740   2110   0 10SEP13 26OCT13 744  5:30
 6   OZ 741  D    ICN  BKK   1820   2210   0 31MAR13         333  5:50
 7OZ:AC6996  D③   ICN  BKK   1820   2210   0 31MAR13 18JAN14 333  5:50
 8OZ:TG6727  D    ICN  BKK   1820   2210   0 31MAR13 26OCT13 333  5:50
 9   KE 653  D④   ICN  BKK   1840   2210   0 31MAR13 26OCT13 773  5:30
10   TG 693  1357 ICN  BKK   1955   2340   0 01APR13         773  5:45
11   KE 659  D    ICN  BKK   2020   0005+1 0 12SEP13 26OCT13 333  5:45
12OZ:TG6723  D    ICN  BKK   2020   0010+1 0 31MAR13 26OCT13 763  5:50
```

① TN 기본 입력 지시어

② 요청일 9월 30일로부터 7일간의 날짜 범위인 10월 7일까지의 스케줄

③ D : DAILY(매일 운행)

④ 1357 : 월/수/금/일 운항(1234567은 월화수목금토일을 의미함)

결국 목요일과 토요일은 운행하지 않음을 알 수 있다.

3) 간편 지시어

지시어	내 용
ACSN	SKD 화면으로 바로 전환
ACAN	AVBLTY 화면으로 바로 전환
TCAN	TIMETABLE 조회 후 바로 예약하고자 할 경우/AN 이동
MN	MOVE NEXT(다음날 조회/AN,SN 화면에서 모두 사용 가능)
MY	MOVE YESTERDAY(전날 조회/ AN, SN 화면에서 모두 사용 가능)

4) 시간과 날짜(Time and Date) 조회

(1) 현지시간(Local Time) 및 도시간 시간차(Time Difference) 조회

DDLAX

```
Entry 화면 1

> DDLAX

DDLAX
LAX TIME IS 1751/ 551P ON MON18FEB13
LAX IS 17HRS 00MIN EARLIER
>
```

LAX(Los Angeles)의 현지 시간이 궁금할 때 DD 입력지시어에 해당 도시 코드를 입력한다. LAX의 현지 시간은 17시 51(오후 5시 51) 2013년 2월 18일, 월요일임을 표시하고 있음.

(2) 특정 시간 및 도시 지정

DDSEL1200/SIN

```
Entry 화면 1

> DDSEL1200/SIN

DDSEL1200/SIN
SIN TIME IS 1100/1100A ON TUE19FEB13
SIN IS 01HRS 00MIN EARLIER
>
```

특정한 시간대의 도시 현지시간을 조회할 때 사용한다. 서울의 시간이 12시 일 때 싱가포르(SIN)의 시간이 몇 시인지 알고자 할 때 DD는 기본지시어로, 서울 1200과 /로 구분하며 알고자 하는 도시의 Code를 입력한다.

3 최소 연결시간(MCT : Minimum Connecting Time) 조회

1) 특정도시의 전체 최소연결 시간표(MCT) 조회

DM HKG

Command Page 1

```
> DMHKG

DMHKG/09JUL13
HKG  STANDARD MINIMUM CONNECTING TIMES
HKG-HKG       FROM        -            TO          D/D D/I I/D I/I
CC FLTN-FLTR ORGN EQPTM-CC FLTN-FLTR DEST EQPTM HMM HMM HMM HMM
                          -                         --- --- --- 100
             TW           -            CN          --- --- --- 130
             CN           -            TW          --- --- --- 130
             KHH          -            CN          --- --- --- 200
             TPE          -            CN          --- --- --- 200
             TSA          -            CN          --- --- --- 200
             CN           -            KHH         --- --- --- 200
             CN           -            TPE         --- --- --- 200
             CN           -            TSA         --- --- --- 200
CK SPECIFIC CARRIER FOR EXCEPTIONS TO STANDARD CONNECTING TIMES
PRECLEARANCE MAY APPLY
*TRN*
```

Entry	기 능
DMJFK-EWR	공항 지정
DMDL/JFK/15DEC13	항공사/공항/날짜 지정
DMI	PNR SEG가 있는 경우 전체 SEG의 MCT 조회
DM2/4	PNR상의 2번과 4번 SEG의 MCT 조회

제 2 절 PNR(예약기록)의 개념 및 구성요소

1 PNR의 개념

PNR이란 Passenger Name Record의 머리글자를 따서 줄인 말로, CRS를 통한 승객의 항공예약과 관련한 모든 정보의 기록[2]을 말한다. 고객의 항공여행에 필요한 필수사항인 승객의 성명 및 Title, 여정, 서비스 요청사항, 업무 참고사항, 예약 작성자, 항공권 번호, 발권 시한, 전화번호 등 고객의 필수사항과 부대서비스 사항 등 예약사항이 예정대로 수행되고 통제될 수 있도록 모든 정보를 기록해 놓은 것을 나타내는 용어이다.

예약기록은 승객에게 제공되어야 하는 모든 항공 및 기타 서비스 사항에 관한 정보를 얻을 수 있고 승객에게 보증할 수 있는 기초자료가 되므로, 해당 항공사에 예약을 전송하여 실질적으로 좌석을 확보하기 위해 좌석의 확보, 요청, 대기자 등록 등의 예약을 마치면 TOPAS 시스템 내에 하나의 예약기록이 생성되고 파일로 저장된다. 따라서 한 번 작성된 이후에 서비스상의 여정 추가, 변경, 취소 등이 발생할 경우에는 별도의 예약기록을 만들지 않고, 이미 만들어진 PNR을 찾아 수정하면 되는 간편하게 쓰일 수 있는 조회 기록이다.

2) 강혜숙(2012), 항공예약발권, 대왕사, p. 73.

1) PNR의 구성요소

PNR은 성명, 여정, 전화번호 등 고객의 필수사항과 부대서비스사항 등 부분들로 이루어져 있으며 이러한 각 부분을 Elements(요소)나 Field라 부르는데, 각각의 Elements(구성요소)별로 정해진 형식에 따라 작성해야 한다.

TOPAS SellConnect에서 PNR의 기본 요소는 PRINT(전화번호, 의뢰자, 여정, 이름, 발권 구입 시한)로 5가지 항목을 필수적으로 입력한 후 기본 PNR을 완성할 수 있다.

Elements	용 도	입력 Entry
Phone	전화 번호	AP 726-6870
Received from	예약 작성자, 변경의뢰자	RF PAX
Itinerary	항공/ 비항공 여정	SSKE651Y15JULICNBKK1
Name	승객의 성명 및 Title	NM1HONG/GILDONGMR
Ticket arrangement	TKT 발권 시한 등	TKTL04JUL TKXL04JUL TKOK
OSI	항공사 전송 각종 INFO	OS KE VIP CEO OF 1A
SSR 항공사 응답 필요	여정관련 기내식이나 좌석 등 여정관련 서비스 요청사항(Meal 등)	SRVGML
RM	Remarks	RM, RX, RC

2) TOPAS SellConnect PNR의 특징[3)]

① 모든 Element는 수정이 쉽도록 순서대로 번호가 부여된다.

② Multi Name은 동일한 Family Name을 가진 승객이더라도 Single로 나타난다.

③ 마지막 여정의 출발일 이후 3일간 조회가 가능하다.

④ Purge 후 과거 3년까지 PNR 조회가 가능하다.

⑤ 한 PNR에 최대 999 Element 입력이 가능하다.

3) 토파스 예약의 기초(2013), p. 59.

3) PNR 작성 중 확인을 위한 지시어

(1) RT(Retrieve)

```
RT
```

RT를 입력하면 현재 작성 중인 예약상황을 조회할 수 있다. 현재 작업 중인 상태를 조회하거나 또는 지시어를 입력한 후에 응답한 내용을 예약기록상에서 확인하기 위하여 사용하는 지시어이다.

(2) IG(IGNORE)

```
IG
```

"IG"는 Ignore & Exit의 의미로 현재 작업한 내용을 전부 무시하고 저장하지 않는 것을 말한다. 예약기록을 완료하지 않은 상태에서 저장하지 않고 현재 작업중인 PNR Page상태에서 나가기 위해 사용한다. 이미 만들어진 예약기록을 다시 조회하여 수정한 후 저장하지 않은 상태에서 IG를 입력하면 수정한 내용이 전부 무시되고 이전 상태로 돌아갈 수 있다.

따라서 이미 작업한 PNR을 마무리한 후 다른 작업을 할 경우에는 IG을 한후 사용하는 것이 편리하다.

연습문제

1. 다음 중 AVAILABILITY 지시어를 이용해서 조회된 결과를 통해 얻을 수 없는 정보는 어느 것인가?

① 항공편 운항여부　　② 항공편의 잔여좌석 수
③ 항공편명 및 출 / 도착 시간　　④ 항공편의 비행시간

2. PNR 작성에는 필수 입력사항과 선택 입력사항이 구분된다. 다음 중 선택 입력사항인 것은 어느 것인가?

① 전화번호　　② 승객이름
③ 현지연락처　　④ 항공 여정

3. TOPAS SellConnect PNR의 특징이 아닌 것은?

① 모든 Element는 수정이 쉽도록 순서대로 번호가 부여된다.
② 모든 Name은 입력 순서대로 배열된다.
③ Multi Name은 동일한 Family Name을 가진 승객이더라도 Single로 나타난다.
④ 마지막 여정의 출발일 이후 3일간 조회가 가능하다.

4. 9월 1일 CX항공 지정하여 서울 출발 홍콩행 예약가능편의 조회 ENTRY를 쓰시오.

5. 12월 5일 서울 출발 방콕과 12월 9일 복편(Return)인 경우 예약가능편의 대한항공으로 조회하는 ENTRY를 쓰시오.(Dual City Pair Display 입력 방법)

6. Sky Team항공편으로 10월 30일 서울 출발 파리도착 항공편 Display 하는 Entry를 쓰시오.

7. 서울이 12시인 경우 샌프란시스코의 현지시간(Local Time)은 몇 시인가?

8. 3월 15일 이후 KE의 서울에서 비엔나(VIE)까지 운항하는 요일은?

① 월, 수, 금	② 화, 목, 토
③ 수, 금, 일	④ 목, 토, 월

제4장

PNR 작성 및 수정하기

제 1 절 승객 성명 작성하기[1]

1 승객 성명의 작성 방법(HE NM) - Name Element

1) 승객 성명 작성 방법 시 유의사항

① 승객 성명을 입력하는 지시어는 NM이며, 성인(Adult: 만 12세 이상), 소아(Child: 만2세 이상~만12세 미만), 유아(Infant: 만 2세 미만)으로 구분된다.

② 소아는 성인에 비해 할인된 요금을 지불하고, 유아는 좌석비점유 시 좌석이 무임승차가 가능하므로 성명 입력 시 성인, 소아, 유아를 구분하여 입력한다. 승객 성과 이름 사이에는 반드시 슬래시(/)를 삽입한다.

③ 승객 성명은 영문으로 작성하며, 여권의 이름과 동일하게 작성해야 한다.

④ 유아는 성명을 첫 번째 승객의 성명으로 기입할 수 없다.

⑤ 여정의 좌석 수는 항상 승객의 성명수와 일치해야만 한다.(유아가 포함된 경우도 좌석을 차지하지 않는 경우는 예외)

⑥ 여권 상의 성명(Name Spelling)을 기준으로 정확하게 기입하며, 타인이나 대리인의 성명을 잠정적으로 대신 입력하는 것은 불가하다. 영문 이름(Spelling)

1) 서선(2009). 항공여객예약실무, 백산출판사, pp. 128~141.

이 다르면 공항에서 탑승이 거부당할 수 있다.

⑦ 소아(CHILD)는 좌석을 차지하기 때문에 성인 성명과 동일한 방법으로 입력한다.

⑧ 소아(CHILD)의 호칭은 남아인 경우 "MSTR", 여아인 경우에는 "MISS"로 기입한다.

⑨ 유아/소아 성명 입력 시 나이도 함께 입력한다.

⑩ 유아(INFANT)는 좌석이 없으므로 예약은 하되 좌석은 공유하지 않는다.

⑪ 한국인, 외국인 모두 성(Last Name, Family Name)을 먼저 기입해야 한다.

⑫ 각 SEG별 좌석 수와 여객의 수가 반드시 일치해야 PNR이 완성된다.

⑬ 1개 PNR에는 성인 99명까지 입력이 가능하다.

⑭ 유아(Infant)는 만 2세(24개월) 미만, 소아(Child)는 만 2세 이상 만 12세 미만이며, 출발일(탑승일)기준으로 하루라도 초과 시에는 어른(Adult)운임으로 적용해야 한다. 만 12세 이상은 모두 어른 요금을 지불해야 함.

⑮ PNR 저장 이전에 일부 승객명을 삭제하면 좌석은 자동으로 줄어든다.

2) 승객 호칭(Title)

승객의 호칭은 성별과 신분에 따라 전부 11개가 있으며, 이름 뒤에는 호칭이 붙지 않으면 자동발권이 불가능하므로 반드시 입력해야 한다.

TITLE의 종류

성별에 따른 Title		신분에 따른 Title	
MR	성인 남자	PROF	Professor(교수)
MS	성인 여자(기/미혼)	CAPT	Captain(기장 또는 선장)
MRS	성인 여자(기혼)	DR	Doctor(반드시 의사)
MISS	유/소아 여자 아이	REV	Reverend(성직자)
MSTR	유/소아 남자 아이	SIR, LORD, LADY	영국귀족

2 승객 성명의 입력

1) 기본 성인 성명 입력

성인의 성명을 입력하는 방법은 먼저 성명 입력 지시어인 NM을 이용하여 승객이 1명이면 1을 입력한 후 성명과 호칭을 기입한다. 이때 띄어쓰기는 하지 않아도 된다.

NM 1 YANG/JONGIMMS

① NM : 성명 기본지시어(NaMe)

② 1 : 승객 수

③ YANG/JONGIM MS : 성, /, 이름, 타이틀 순으로 입력하며, 성과 이름 사이에 /로 구분한다.

Entry 화면 1

```
> NM1YANG/JONGIMMS
```

2) 동일성을 가진 승객의 성명 입력

NM2 KANG/HODONGMR/HOSOONMS

- 동일성을 가진 승객의 성명을 입력할 경우에는 기본지시어 NM 다음에 승객의 수에 맞는 숫자와 성을 입력하고 다음은 각 승객의 이름과 호칭만을 입력한다. 이때 각 승객의 이름과 이름 사이에 슬래시(/)를 삽입한다.

Entry 화면 1

> NM 2 KANG/HODONGMR/HOSOONMS

RP/SELK13UA3/

1. KANG/HODONGMR 2.KANG/HOSOONMS

3) 2명 이상의 승객 성명을 동시에 입력

2명 이상의 승객 성명을 한 번에 입력하여 처리할 경우에는 이름 앞에 1을 연결하여 각각 이름을 입력할 수 있다.

NM1 YOO/JAESEOKMR1PARK/MYUNGSOOMR

Entry 화면 1

> NM1 YOO/JAESEOKMR 1PARK/MYUNGSOOMR

RP/SELK13UA3/

1.PARK/MYUNGSOOMR 2.YOO/JAESEOKMR

4) 소아(CHILD) 승객 성명 입력

어린이 이름을 입력할 때에는 이름과 Title 뒤에 CHILD의 약자인 "CHD/생년월일을 ddmmmyy" 순으로 입력한다. 어린이 승객은 반드시 이름을 기입한 후 생년월일을 함께 입력해야 한다. 어린이의 나이 기준은 탑승일 기준 만 2세 이상, 12세 미만의 승객으로 노선에 따라 성인요금의 75%를 지불한다.

```
NM 1 PARK/MINSEO  MSTR(CHD/20JUN09)
      (CHD/20JUN09) : 소아 생년월일
```

생년월일 입력 시(ddmmmyy) 일, 월, 년 순으로 기입.
dd-date, mmm-month, yy-year

Entry 화면 1

```
> NM 1 PARK/MINSEO MSTR(CHD/20JUN09)

RP/SELK13UA3/
1. PARK/MINSEO MSTR(CHD/20JUN09)
```

5) 유아(Infant) 승객의 성명 입력

PNR에 유아의 성명을 입력할 때에는 보호자 뒤에 INFANT의 약자인 INF성/이름/생년월일을 입력한다. 유아의 기준은 탑승일 기준 14일 이상 만 2세 미만의 승객으로 성인요금의 공시운임의 10%를 지불해야 하며, 좌석을 차지하지 않기 때문에 좌석 수에 포함시키지 않는다. 다만, 유아는 동반자에게 유아 바구니를 설치해야 하므로 이와 관련된 Entry를 입력한다. 만약 INF의 경우에도 좌석을 차지할 경우에는 CHD 요금을 지불해야 하며, 이때에는 소아 성명과 동일한 방식으로 입력하며, 유아는 첫 번째 승객으로 기입하지 않는다.

(1) 유아 성이 보호자와 다른 경우

NM1 PARK/MYUNGSOOMR(INFKANG/MINSEOMSTR/20JUN14)

① NM : 유아 승객 DATA를 입력하기 위한 기본지시어

② 1 : 해당 PNR에서의 승객 수

③ PARK/MYUNGSOOMR : 보호자

④ INF : INFANT의 약자 뒤에 바로 성(Family name)입력

⑤ 20JUN13 : 생년월일(ddmmmyy)

Entry 화면 1

> **NM 1 JANG/HYESUNGMS(INFPARK/MINSEOMSTR/20JUN13)**

RP/SELK13UA3/

1. JANG/HYESUNGMS(INFPARK/MINSEO MSTR/20JUN13)

(2) 유아 성이 보호자와 같은 경우

유아 성이 보호자와 동일한 경우는 INF 뒤에 성을 생략하고 /입력 후 이름만 기입

NM1 PARK/MYUNGSOOMR(INF/MINSEOMSTR/20JUN13)

(3) 유아 승객 추가하는 경우

1/(INF/MINSEOKMSTR/20JUN13)

1번 승객 뒤 동반유아 삽입

Entry 화면 1

```
RP/SELK13UA3/
1.  PARK/MYUNGSOO MR     2. PARK/MINSEOMSTR(CHD/20JUN09)
3.  JANG/HYESUNGMS
>1/(INF/MINSEOKMSTR/20JUN13)
 R P/SELK13UA3/
1.  PARK/MYUNGSOOMR(MINSEOKMSTR/20JUN13)
2.  PARK/MINSEOMSTR(CHD/20JUN09)   3. JANG/HYESUNGMS
```

(4) 입력한 유아 승객을 삭제하는 경우

```
1/
```

Entry 화면 1

```
RP/SELK13UA3/
1.  PARK/MYUNGSOO MR     2. PARK/MINSEOMSTR(CHD/20JUN09)
3.  JANG/HYESUNGMS
>1/
 R P/SELK13UA3/
1.  PARK/MYUNGSOOMR(MINSEOKMSTR/20JUN13)
2.  PARK/MINSEOMSTR(CHD/20JUN09)   3. JANG/HYESUNGMS
```

3 승객의 성명 삭제 및 수정

예약기록(PNR)의 작성 중에 성명 입력이 잘못된 경우는 변경이 가능하지만 일단 EOT(End Of Transaction)를 쳐서 PNR이 완성되어 PNR Address가 부여되면 성명의 변경은 불가능하다. 승객의 성명을 추가할 경우에는 삽입은 가능하며, 성명을 삭제하거나 삽입할 경우에는 각 여정의 예약좌석 숫자도 함께 삭제하여 항상 승객의 숫자와 각 여정의 예약좌석이 숫자가 일치하도록 주의해야 한다.

1) 승객 성명을 삭제하는 경우

승객의 성명을 잘못 입력하여 삭제할 경우에는 해당 승객의 번호를 확인한다. 이때 1번 승객을 삭제하는 경우 "XE1"를 입력한다.

1번 승객의 이름만 삭제

```
XE1
```

3번 승객과 1번 승객 동시 삭제하는 경우

```
XE3, 1
```

두 개의 성명(And Item)을 사용하여 지우는 경우 앞에서부터 지우면 뒤의 성명이 지워진 앞의 성명으로 올라가므로 혼돈을 일으킨다. 그러므로 뒤 번호부터 지우는 것이 바람직하다.

승객의 성명수와 좌석 수가 일치하지 않을 때의 Error Message

Entry 화면 1

```
> NM1KIM/TESTMR

                                  *** NHP ***

RP/SELK1338F/
0927-2671
RF P
  1.YANG/JONGIMMS    2.JANG/YANGLAEMS    3.KIM/TESTMR
  4  KE 641 K 20JAN 2 ICNSIN DK2  1835 0010  21JAN  E  0 77W D
     SEE RTSVC
  5 AP 02-3108-1111 SEWC YANG
  6 TK OK31JUL/SELK1338F
>
```

예약 시 승객의 성명과 좌석 수가 일치하지 않을 때는 아래 화면처럼 상단에 NHP(Non Homogeneous PNR)이 나타난다. NHP는 여정 중 일부 구간에 대해 승객의 숫자와 여정의 좌석이 일치하지 않을 경우 나타나는 Error Message이다. 화면에서 보듯이 예약은 2명으로 입력하였으나, 승객의 이름은 3명이 입력되어 있어서 인원 수가 일치하지 않아 NHP가 나타났다.

사례

1) 좌석 수가 승객 수보다 많은 경우
(좌석 〉 입력된 승객 수)

Entry 화면 1

```
RT

                 ***  NHP  ***
RP/SELK1338F/
  1.YANG/JONGIMMS   2.JANG/YANGLAEMS   3.KIM/MINHOMR
  4.JO/INSUNGMR
  5  KE 603 Y 01APR 3 ICNHKG DK6  0810 1055  01APR  E  0 333 B
     SEE RTSVC
>

NM1HONG/GILDONGMR1CHA/DONYEOMS
```

2명 이름 추가하여 승객수와 좌석 수 일치시킴

```
RP/SELK1338F/
  1.YANG/JONGIMMS   2.JANG/YANGLAEMS   3.KIM/MINHOMR
  4.JO/INSUNGMR   5.HONG/GILDONGMR   6.CHA/DONYEOMS
  7  KE 603 Y 01APR 3 ICNHKG DK6  0810 1055  01APR  E  0 333 B
     SEE RTSVC
```

→ 조치방법-좌석 수에 맞게 승객 이름을 추가함

Entry 화면 1

```
RT
                 ***  NHP  ***
RP/SELK1338F/
  1.YANG/JONGIMMS   2.JANG/YANGLAEMS   3.CHA/DONYEOMS
  4.HONG/GILDONGMR
  5  KE 603 Y 01APR 3 ICNHKG DK6  0810 1055  01APR  E  0 333 B
     SEE RTSVC
>

5/4
```

LINE 5번 인원수를 5명으로 줄임

```
RP/SELK1338F/
  1.YANG/JONGIMMS   2.JANG/YANGLAEMS   3.CHA/DONYEOMS
  4.HONG/GILDONGMR
  5  KE 603 Y 01APR 3 ICNHKG DK4  0810 1055  01APR  E  0 333 B
     SEE RTSVC
```

→ 조치방법-승객 수에 맞게 좌석 수를 줄임

사례 2) 승객 수가 좌석 수보다 많은 경우 (좌석 < 입력된 승객 수)

Entry 화면 1

```
> RT
                          ***  NHP  ***
RP/SELK1338F/
  1.YANG/JONGIMMS   2.JANG/YANGLAEMS   3.CHA/DONYEOMS
  4.HONG/GILDONGMR   5.CHA/DONAMMR
  6  KE 603 Y 01APR 3 ICNHKG DK4  0810 1055  01APR  E  0 333 B
     SEE RTSVC
>

> 6/5      LINE 6번 좌석 수를 5석으로 늘림

RP/SELK1338F/
  1.YANG/JONGIMMS   2.JANG/YANGLAEMS   3.CHA/DONYEOMS
  4.HONG/GILDONGMR   5.CHA/DONAMMR
  6  KE 603 Y 01APR 3 ICNHKG DK5  0810 1055  01APR  E  0 333 B
     SEE RTSVC
```

➔ 조치방법–승객 수에 맞게 좌석 수를 늘림

* 항공사에 따라 좌석 수를 증가(Seat increase)기능을 허용하지 않는 항공사가 있으므로(Warning Message"CANCEL AND REBOOK FOR NEW TOTAL)에러 메시지가 표시되는 경우에는 해당여정 삭제(XE)후 재 예약해야 한다.

Amadeus/GDS 단말기에서 영문이름 Spell Change 허용범위

1. Spell Change 허용범위

- Amadeus : First, Last Name 관계없이 3자까지 변경 허용한다. 4자 이상은 항공사에 연락해야 하며, 타 GDS : First, Last Name 관계없이 3자까지 변경 허용한다. 4자 이상은 변경 가능하나 SELRC Q로 Drop되어 Spell Change 여부 확인한다.
- First, Last Name 각각 1회 한도 내 변경 허용

➔ 단, LEE/MINSU를 KIM/MINSU로 변경할 경우 NAME CHANGE로 간주, 예약 CNXL됨

2. KE + OAL 포함 여정 시

- 기존과 동일하게 고객이 해당 OAL Contact하여 Spell Change 후, KE PNR에서도 Spell Change처리가 가능하다. 단, 타 GDS PNR의 경우 Booking Origin에서 처리가 필요하다.

3. Code Share FLT 변경

- 대한항공 판매인 경우 시스템상 KE Rule이 동일하게 적용되나, GG AIR KE JO 페이지에서 운영(Operating)사의 규정 확인이 필요하므로 확인하여 처리한다.

4. 국내선 한글 이름 변경

- 한글 이름의 경우, 한글을 영문으로 변환한 Romanized name에서 영문 Character 3자 이내까지 허용한다.

4 승객 성명의 순서 정열(Sorting)

PNR 최초 생성 전에 입력한 승객의 순서를 조정하거나 삽입 시에 사용한다.

1) 순서 조정

```
1, 3
```

1번과 3번 승객 순서 변경하는 입력지시어로 PNR번호가 생성되기 이전에 순서를 변경할 수 있다.

2) 삽입해서 순서 조정

RS 1, NM1 JO/INSUNGMR

Entry 화면 1

```
> NM1HONG/GILNYEOMS

                              ***  NHP  ***
RP/SELK1338F/
  1.KIM/SOOJIMS    2.HONG/GILNYEOMS
  3  KE 723 Y 20JAN 3 ICNKIX DK3  0900 1045  20JAN  E  0 333 O
     SEE RTSVC
     WARNING : THIS SEGMENT IS 343 DAYS IN THE FUTURE
  4  KE 724 Y 30JAN 6 KIXICN DK3  1150 1355  30JAN  E  0 333 O
     SEE RTSVC
     WARNING : THIS SEGMENT IS 353 DAYS IN THE FUTURE
>

> RS1,NM1JO/INSUNGMR

RP/SELK1338F/
  1.KIM/SOOJIMS    2.JO/INSUNGMR    3.HONG/GILNYEOMS
  4  KE 723 Y 20JAN 3 ICNKIX DK3  0900 1045  20JAN  E  0 333 O
     SEE RTSVC
     WARNING : THIS SEGMENT IS 343 DAYS IN THE FUTURE
  5  KE 724 Y 30JAN 6 KIXICN DK3  1150 1355  30JAN  E  0 333 O
     SEE RTSVC
     WARNING : THIS SEGMENT IS 353 DAYS IN THE FUTURE
```

승객의 이름 순서 조정/삽입 기능은 반드시 PNR 완성 전에만 입력이 가능하며, PNR의 EOT(End of Transaction) 후 PNR이 생성되었을 때에는 수정 및 삽입이 불가능하다. 단, PNR 생성 후 조정/삽입하는 것은 단체 PNR에만 적용가능하다.

연습문제

1. 본인 이름을 입력하세요.

2. 성이 같은 본인의 가족 이름 2명을 입력하세요.

3. 친구의 이름을 3명을 입력하고 3번째 승객의 성명을 삭제하세요.

4. 2013년 5월 9일인 김희선(여자아이) 승객의 이름과 생년월일을 입력하세요.

5. 최수종(아빠)와 2015년 12월 20일 최희라(여자아이)와 생년월일을 입력하세요.

6. 5번 문제에서 최희라(여자아이)의 생년월일을 2015년 12월 10일로 수정하고, 이름도 최아기(여자아이)로 수정 입력하세요.

7. 5번 문제에서 2번에 이승기(남자아이, 2016년 1월 30일)를 추가해서 입력하세요.

제 2 절 여정(Itinerary) 작성하기[2]

1 여정(Itinerary element)의 작성

1) 여정의 정의

승객의 여행을 위한 항공예약 구간, OAL(Other Airline) 구간의 예약, 기타 교통편으로 여행하는 구간(ARNK-Arrival Unknown으로 표시) 및 호텔, 렌터카 등의 예약을 모두 합하여 여정으로 실질적인 좌석확보가 이루어진다.

특히 항공여정을 작성할 때 각각의 항공여정의 좌석 수는 사람 수와 동일해야 하며 여정을 구성하는 모든 탑승구간(SEG)의 좌석 수가 같아야 하고, 또한 연결편의 예약 시에는 최소 연결시간을 고려하여 예약을 하여야 한다.

여정을 출발 순서대로 입력하지 않는 경우는 PNR 저장을 위해 여정 순서 조정이 필요하다.

---

2) 최기종・박상현(2003). 토파스 항공예약실습, 백산출판사, pp. 125~161.

2) 여정의 구성요소

① **항공여정**(Air Segment)[3)]

승객이 비행편을 이용하여 한 지점에서 다른 지점으로 이동하는 여정구간으로 PNR을 완성하기 위한 기본 요소이다.

② **부대여정**(Auxiliary Segment)

승객의 여행과 관련된 항공여정을 제외한 제반 기타 예약으로 호텔, 렌터카, 기타 교통편의 예약 등이 있으며, 부대 여정은 항공편 예약에 따르는 부수적인 서비스이므로 항공여정이 없이 부대여정으로만 이루어진 PNR 작성은 불가능하다.

③ **비항공 운송구간인** ARNK(Arrival Unknown)

항공여정의 중간에 항공편 외의 운송수단으로 여행하는 구간(Surface 또는 Gap)을 나타내기 위하여 사용된다.

3) 여정 작성의 방법

항공예약 작업을 할 때는 CRT에서 다른 업무를 하고 있었는지를 먼저 확인하고 작업에 들어가야 한다. 왜냐하면 CRT는 작업을 하다 중단하면 일정 시간 후 화면에서 하던 작업이 사라지는데, 이때 그 내용이 없어진 것이 아니고 하면에서 잠시 지워진 것뿐이므로 그대로 다른 작업을 하면 두 가지 작업이 중복되어 작업을 다시 해야 하는 불편함을 초래하게 된다.

따라서 이런 것을 사전에 방지하기 위해서는 CRT를 사전에 확인해야 한다. 또한 작업 중이었던 상태에서 "IG"를 시키지 않고 작업을 하게 되면 새로운 작업과 기존 작업이 같이 혼합되어 버리기 때문에 주의를 해야 한다. 따라서 꼭 새로운 작업을 하기 위해서는 "IG"를 꼭 시키고 다른 작업을 실시한다.

3) 조희정·원종혜·최미선(2008). 항공예약실무, 한올출판사, pp. 105.

2 항공여정의 작성

항공여정을 작성하기 위해서는 먼저 여행할 구간의 해당일자 어베일러빌러티(Availability)를 조회한 후 시간, 좌석상태를 파악하여 적절한 항공편을 선택하는 방법과 해당구간을 운항하는 항공편을 직접 입력하는 DSE(Direct Segment Entry) 방법 등 2가지가 있다.

1) Availability를 이용한 여정 작성

승객이 여행구간의 좌석을 요청한 경우 먼저 항공시간표를 조회하여 본 후 날짜와 시간이 결정되면 해당 날짜의 Availability를 조회하여 해당 항공편의 좌석을 예약한다.

(1) DIRECT FLIGHT(직행편)

직행편은 비행기를 갈아타지 않고 목적지까지 한 번에 가는 것으로 도중 체류(Stopover)를 하거나 또는 갈아타지 않고 직접 목적지까지 비행하는 경우를 말한다.

```
SS 1 Y 1
```

서울(ICN) - 방콕(BKK) 구간의 AVBLTY 조회 응답화면 후 여정 작성

Entry 화면 1

```
> AN15DECICNBKK/AKE

AN15DECICNBKK/AKE
** AMADEUS AVAILABILITY - AN ** BKK BANGKOK.TH                 201 SU 15DEC 0000
 1   KE 651  P6 A3 J9 C9 D9 I9 Z9 /ICN   BKK    1715    2105  E0/773        5:50
             Y9 B9 M9 H9 E9 K9 Q9 T9 GR
 2   KE 653  P6 J9 C9 D9 I9 Z9 Y9 /ICN   BKK    1905    2255  E0/773        5:50
             B9 M9 H9 E9 K9 Q9 T9 GR
*TRN*


> SS1Y1

RP/SELK13UA3/
  1  KE 651 Y 15DEC 7 ICNBKK HK1          1715 2105    773 E 0 D
       7/ DUTY FREE SALES
```

좌석이 있는 경우

① SS　Segment Sell Transaction Code : 기본지시어
② 1　Number of Seats : 요청한 좌석 수
③ Y　Class of Service : 선택한 BOOKING CLASS(예약클래스)
④ 1　Availability Line Number : 선택한 라인 번호

(2) Connecting Flight(연결편)

연결편은 비행기가 목적지까지 당일 운항하지 않거나 운항하더라도 중간까지만 운항하여 연결편인 다른 비행기로 갈아타고 목적지까지 가야 하는 경우이다. 이 경우 좌석 클래스가 다른 경우와 좌석 클래스가 같은 경우 각각 예약 방법이 다르다.

가. 연결편의 좌석의 클래스가 같은 경우

AN20OCTICNNCE/AAF

SS1M1

10월 20일 인천(ICN)출발 니스(NCE)행 에어프랑스로 Availability 조회 후, 첫 번째, 두 번째 항공편의 동일한 CLASS로 예약

Entry 화면 1

```
>SS1M1

--- MSC ---
RP/SELK13UA3/
  1  AF 267 M 20OCT 7 ICNCDG HK1  0825    0925 1420   77W E 0
     APIS DEST PAX DATA REQUIRED SSR DOCS
     SEE RTSVC
  2  AF7706 M 20OCT 7 CDGNCE HK1  1515 2F 1555 1725   320 E 0
     SEE RTSVC
```

① SS Segment Sell Transaction Code : 기본지시어

② 1 Number of Seats : 요청한 좌석 수

③ M Class of Service : 선택한 BOOKING CLASS(예약클래스)

④ 1 Availability Line Number : 선택한 라인 번호

나. 연결편의 좌석 클래스가 같지 않은 경우

```
AN20OCTICNNCE/AAF
```

```
SS1MK1
```

Entry 화면 1

```
>SS1MK1

--- MSC ---
RP/SELK13UA3/
  1  AF 267 M 20OCT 7 ICNCDG HK1  0825     0925 1420    77W E 0
     APIS DEST PAX DATA REQUIRED SSR DOCS
     SEE RTSVC
  2  AF7706 K 20OCT 7 CDGNCE HK1  1515 2F 1555 1725    320 E 0
     SEE RTSVC
```

① SS : Segment Sell Transaction Code : 기본지시어

② 1 : Number of Seats : 요청한 좌석 수

③ MK : Class of Service : 첫 번째 여정의 FLT CLASS는 M, 다음 FLT CLASS는 K Class.

④ 1 : Availability Line Number : 선택한 라인 번호

2) Direct Segment 여정 작성방법

Direct Segment 여정 작성방법은 승객이 요청한 여행구간의 출발일, 항공사명, 항공편명, 예약클래스 등을 명확하게 숙지하고 있는 경우에 예약하고자 하는 구간의 AVBLTY를 조회하지 않고 직접(Direct)로 해당 항공편의 좌석을 요청하여 예약하는 방법이다.

(1) LONG SELL ENTRY

요청할 비행편 및 해당 예약 클래스(Booking Class)를 이미 알고 있는 경우에는

아래와 같이 입력하면 바로 예약할 수 있다.

```
SS KE907 M 20FEB SELLON 2
①  ②    ③  ④     ⑤    ⑥
```

① Segment Sell ② 편명 ③ CLS ④ 출발일 ⑤ 출・도착지 ⑥ 요청 좌석 수

Entry 화면 1

```
> SSKE907M20FEBSELLON2
R P/SELK13UA3/
1 KE 907 M 20FEB 2 ICNLHR HK2    1310 1620    744    E O D
SEE RTSVC
```

(2) SPECIAL SEGMENT

가. Open Segment(미확정 구간)의 예약 ➔ (HE OPEN)

Open Segment(미확정 구간)의 예약이란 해당구간의 실제 좌석예약이 아닌 가상의 여정을 예약하는 것으로 승객이 항공사 및 여행일자를 확정하지 않아 미확정 구간이 발생할 경우 여정의 연속성을 맞추기 위하여 미확정 구간의 예약을 하거나, 승객이 미확정 구간이 있음에도 왕복항공권을 희망할 경우 발권하기 위하여 미확정 구간을 예약한다.

미확정이 가능한 요소로는 항공사, 날짜, 편수가 가능하며 미확정 구간의 예약은 Direct Segment 방식을 이용하여 여정을 작성하여야 한다. 미확정 구간의 예약 방법 시 유의해야 할 점은 여정의 탑승구간(SEG)이 미확정인 경우에는 특정 일자를 지정하여야 하며, 예약클래스, 도시 코드는 가상의 것을 사용하지 말아야 하며, 항공사 코드는 실제 항공사 코드 또는 YY만을 사용해야 한다. 마지막으로 항공사 코드가 지정되었을 경우에는 해당 항공사가 해당구간을 운항해야 한다.

① 미확정 구간 예약시 주의사항

㉠ 여정의 첫 번째 구간인 출발구간은 날짜 미확정 예약이 불가하므로 임의의

날짜를 지정하여 예약한다.

㉡ 예약 클래스(Booking Class)와 항공 여정 구간은 미확정할 수 없다.

㉢ 항공사 코드는 실제코드를 사용하고 항공사명은 YY로 사용한다.

㉣ 항공사 코드를 지정할 경우는 해당구간의 그 항공사가 운항하고 있어야 한다.

나. Dse(Direct Segment Entry)를 이용한 미확정 구간의 예약방법

```
SO KE M 25JUL LHRICN
```

SO는 Open Segment 기본지시어.

① KE는 항공사 코드이며 편수는 정해지지 않음.

② M : 예약 Booking Class

③ 여행일자는 대략적인 날짜로 임의로 정함

④ 출발지와 도착지

```
Entry 화면 1
> SO KE M25JUL LHR ICN
R P/SELK13UA3/
 1 KE 907 M 20FEB 2 ICNLHR HK2    1310 1620    744   E O D
 2 KEOPEN M 25JUL 1 LHRICN
```

다. 여행 일자를 지정하지 않은 경우

```
Entry 화면 1
> SO KE Y PAR ICN
R P/SELK13UA3/
1   KEOPEN Y   PAR ICN
```

★ 예약 클래스(Booking Class)와 여정 구간은 꼭 있어야 함.

(3) 예약대기(WAITLIST) SEGMENT 예약하기 → (HE WAITLIST)

가. AVBLITY 후 현재 가능 좌석이 없는 경우

```
SS1M1 / PE
```

/PE는 대기자(WAITLIST) 입력기본지시어

나. Direct 예약 방식을 통해 입력하는 경우

```
SSKE907 M 23AUG ICNLHR PE1
```

Entry 화면 1

```
> SSKE907M23AUGICNLHRPE1
---SFP---
R P/SELK13UA3/
1  KE 907 M 23AUG 5 ICNLHR LL1      1  1310 1620 744 E O D
   SEE RTSVC
```

(4) 정보(INFORMATION) Segment 예약하기

```
SI SV219 Y 20MAY JEDIST HK1 /0815 1645
```

SI : Information Segment 기본지시어

연습문제

1. 4월 4일 서울-파리 구간 1번 스케줄, 클래스는 Y, 1좌석을 입력해 보세요.

2. 5월 10일 런던-인천 3번 스케줄, 클래스는 M, 2좌석을 입력해 보세요.

3. 10월 20일 싱가포르-홍콩 2번 스케줄, 클래스는 F, 3좌석을 입력해 보세요.

4. 3월 20일 인천-오사카 대기자 좌석을 찾아서 1좌석을 입력해 보세요.

5. 9월 9일 인천-시드니-인천구간을 각각 1번 스케줄로, 클래스 V 혹은 Q, 2좌석을 입력해 보세요.

6. 12월 4일 인천-싱가포르 구간을 다이렉트 SQ항공으로 클래스는 M, 좌석은 1명으로 미확정 예약으로 입력해 보세요.

7. 8월 7일 인천-오클랜드-서울 연결 스케줄을 각각 경유지로, 다른 클래스로 입력해 보세요.

8. 승객의 여정이 미확정인 경우 미확정 구간을 입력하는 ENTRY를 기재하세요.
(PNR을 조회할 수 있는 ENTRY를 기재하세요.)

```
출발일: 02NOV, Famliy Name: Jang
RT/02NOV-JANG
```

제 3 절 전화번호(Contact Element) 작성하기[4]

Contact Element는 전화번호 사항으로 승객의 연락처와 예약 수행자의 전화번호 입력 사항이다. 승객이 여러 명이 있을 경우에는 첫 번째 전화번호를 모든 여정에 책임질 수 있는 승객의 전화번호를 입력한다. 또한 전화번호 작성 시 주의사항으로는 전화번호는 PNR 작성 시 반드시 입력하여야 할 필수 사항이며, 고객과 연락할 수 있기 때문이다.

1 전화번호 입력 시 주의 사항[5]

전화번호는 PNR 작성 시 반드시 입력되어야 할 Data사항으로, 하나의 PNR에는 필요에 따라 1개에서 2개 이상의 전화번호가 입력될 수 있다. 첫 번째로 입력되는 전화번호는 휴대폰 번호와 승객 번호를 연결하여 입력할 수 없으며, 첫 번째 전화번호는 여행사 연락처를 입력하는 것이 좋다.

승객이 여러 명이 있을 경우에는 연락 전화번호를 모든 여정에 책임질 수 있는 승객의 전화번호를 입력한다. 전화번호 작성의 입력 양식은 “AP”이며, 다음부터는

4) 강혜숙(2007). e-티켓시대의 항공예약발전, 대왕사, pp. 100~107.
5) 강혜숙(2012), e-티켓 항공예약발권, 대왕사, p. 171,

자유로이 전화번호와 받을 사람의 이름, 주소 등을 입력하면 된다.

2 전화번호 기본 입력 지시어(ENTRY)

1) 전화번호 입력 방법

(1) 기본형태

```
AP 02-123-4567 : 여행사 연락처 또는 APA 02-123-4567
```

① AP : 전화번호 입력 기본지시어

② 02-123-4567 : 전화번호, 해당 여행사명, 담당자 이름은 Free Text

③ APA : APA는 여행사(Agency) 전화번호

```
또는 AP SEL 02-123-4567 TOPAS TOUR
```

① AP SEL : 전화번호 입력과 해당 지역 표시 기본지시어

② TOPAS TOUR : 여행사 명으로 Free Text

(2) 특정 승객을 지정한 전화번호 입력 방법

```
APB-02-123-4567/P1 혹은 APM-010-123-4567/P2
```

① APB/APM : 특정 고객 사무실 전화번호/핸드폰 번호 입력 기본지시어

② 02-123-4567 : 특정고객 전화번호 입력 기본지시어

③ P1/P2 : 1번 고객 지정/2번 고객 지정 입력 지시어

3 Add contact - 연락처 활용지시어

연락처 정보 선택 지시어

지시어(Entry)	내 용
APH-	Home Telephone Number(집 전화번호)
APM-	Mobile Telephone Number(사무실 전화번호)
APB-	Business Number(사무실 전화번호)
APE-	Email Address(email 주소)
APF-	Fax Number(fax번호)
AB	Billing Address(청구서 주소)
AM	Mailing Address(우편물 주소)

- 1번 승객 Mobile 번호 입력 시 APM 010-123-4567/P1로 승객과 연결(relation)하여 입력할 수 있다.

  APE-WANGHAPPY1@NAVER.COM → -는 SPACE 역할

특정 승객를 지정한 입력 사례

지시어(Entry)	내 용
APH-2번 고객	APH-032-123-4567/P2
APM-1번 고객	APM-010-3745-1004/P1
APE-3번 고객	APE-ACADEMY@HANMAIL.NET/P3

Entry 화면 1

```
RP/SELK13UA3/
1 AP A SEL 02-123-4567 TOPAS  AGENCY
2 AP B 02-123-6789
3 AP E WANGHAPPY1@NAVER.COM
4 AP F 02-123-9876
5 AP H 031-915-1234
6 AP M 010-9187-6302
7 AB HANJIN BUILDING, SOGONGDONG, JUNGGU, SEOUL, KOREA
```

연습문제

1. 여행사 전화번호(TOTO TOUR, 123-4567) 입력과 본인의 핸드폰 전화번호를 입력해 보세요.

2. 본인 집/ 사무실 전화번호를 각각 입력하고, 친구 이메일 번호를 입력해 보세요.

3. 본인 사무실 전화번호를 입력하고, 친구 집 전화번호와 핸드폰 번호는 고객을 지정해서 입력해보세요.

4. 여행사 전화번호(HANA TOUR, 723-4567) 입력과 본인의 집 전화번호를 지정해서 입력해보세요.

제4절 발권 시한(TICKET ARRANGEMENT ELEMENT) (→ HE TK)

1 TKT ELEMENT 용도

Tkt Element는 예약할 당시에 항공권 구입 예정시기를 입력하는 용도이며, 발권 시한은 각 항공사마다 별도의 규정이 있으므로 발권 시한까지 발권이 이루어지지 않을 경우 예약이 취소될 수 있다.

Entry 화면 1

```
> TKTL10FEB/1500

R P/SELK13UA3/
1   TK TL10FEB/1500/SELK13UA3
```

① TKTL 10FEB / 1500 : 10FEB/1500 까지 TKT 발권 권고 시한, 예약취소 되지 않고, 8번 Q로 자동 전송, 발권 후 TKOK로 자동변경 반영됨.

TK : Transaction Arrangement Element Transaction Code : 기본지시어

TL : Ticketing Arrangement Indicator : 발권 시한(TICKET LIMIT)

10FEB/1500 : 발권날짜(DATE) 오후 3시까지 발권해야 예약 유지됨. 항공에

서는 3시로 표시하지 않고 15 : 00로 표현. 하루를 24시간 기준으로 밤 11시는 23시로 표시함.

Entry 화면 1

```
> TK OK 10FEB
R P/SELK13UA3/
1   TK OK10FEB/SELK13UA3
```

② TK OK 10FEB : 10FEB까지 TKT 바로 발권 예정이라는 지시어(시간 입력 불필요) 또는 PNR에 항공권 번호가 있는 경우 입력함.

Entry 화면 1

```
> TKXL 10FEB/1300
R P/SELK13UA3/
1   TK XL10FEB/1300/SELK13UA3
```

③ TK XL 10FEB / 1300 : 10FEB / 1300까지 TKT 발권 권고 시한, 자동 예약 취소되며 12번 Q로 자동 전송. 발권 후 TKOK로 자동변경 반영됨.

항공권 구입시한 선택지시어(Ticket Arrangement Indicator Options)

지시어(Indicator)	내 용
OK	항공권 즉시 발권, Queue 전송 없음
TL	항공권 발권 시한, 특정한 시간과 날짜로 발권요청시간 사용 Queue 자동전송(Q 8번, Category 1)
XL	특정 날짜/시간까지 발권하지 않았을 경우 항공권의 자동 취소
MA	승객에게 항공권 이메일 전송됨 Queue자동 전송(Q 8번, Category 7)
AT	공항 발권사무소에서 발행된 항공권 Queue자동 전송(Q 8번, Category 9)

2 Received From Element → (HE RF)

RF LEE AMADEUS MR	혹은	RF PAX

① RF : Received from Element Transaction Code 기본지시어 ~로부터 요청받음

② LEE AMADEUS MR : 항공권에 대한 예약 변경이나 요청한 승객 성명이며, /는 사용 불가함.

③ RF PAX : 승객으로부터 요청받음

PNR 변경 시 저장할 때마다 항상 입력해야 함.

Entry 화면 1

```
> RF LEE AMADEUS MR
RP/SELK13UA3/
RF LEE AMADEUS MR
```

3) IGNORE TRANSACTION

IR	Ignore and Redisplay : 현재 내용 무시 후 PNR 불러오기
IG	Ignore a PNR : 진행 중인 PNR무시, 작업취소 및 무시

"IG"는 Ignore & Exit의 의미로 현재 작업한 내용을 전부 무시하고 저장하지 않는 것을 말한다. 예약기록을 완료하지 않은 상태에서 저장하지 않고 현재 작업 중인 PNR Page 상태에서 나가기 위해 사용한다. 이미 만들어진 예약기록을 다시 조회하여 수정한 후 저장하지 않은 상태에서 IG를 입력하면 수정한 내용이 전부 무시되고 이전 상태로 돌아갈 수 있다.

3 RESERVATION CODE(예약코드)

항공좌석을 예약하기 위하여 컴퓨터 예약시스템에 유지되어 있는 좌석재고(Inventory)를 일련의 코드를 통해서 요청하고 이에 대한 해당 항공사의 응답을 받아 좌석의 상태를 유지하는 형태로 이루어진다. 타 항공사의 비행편에 대한 좌석 요청도 동일한 절차에 따라 운영되며 이는 전 세계 항공사가 공통적으로 사용하도록 코드를 IATA에서 정해놓고 있다.

1) 예약코드의 개념

항공예약 코드란 좌석을 예약하기 위한 System에 유지되고 있는 Inventory(좌석재고)를 일련의 코드를 통해 요청하고(Action Code: 요청 코드), 그에 대한 응답을 받아(Advice Code: 응답 코드) 상태를 유지하는 형태로 이루어진다(Status Code: 상태 코드).

따라서 항공좌석예약상태가 Action Code(요청 코드)-Advice Code(응답 코드)-Status Code(상태 코드)의 순서에 따라 좌석의 상태를 알려주는 역할 코드로 예약자는 좌석이 대기인 경우 본 코드를 확인해서 좌석상태를 확인해야 한다. 만약 지속적으로 응답코드가 대기자 상태로 있을 경우 해당 항공사 담당자에게 확인을 해서 좌석을 취소하고 다른 항공스케줄을 고객에게 추천하거나 다른 날짜를 권유할 수 있다.

2) 예약코드의 흐름도[6]

Reservation Code(예약코드) 보기[7]

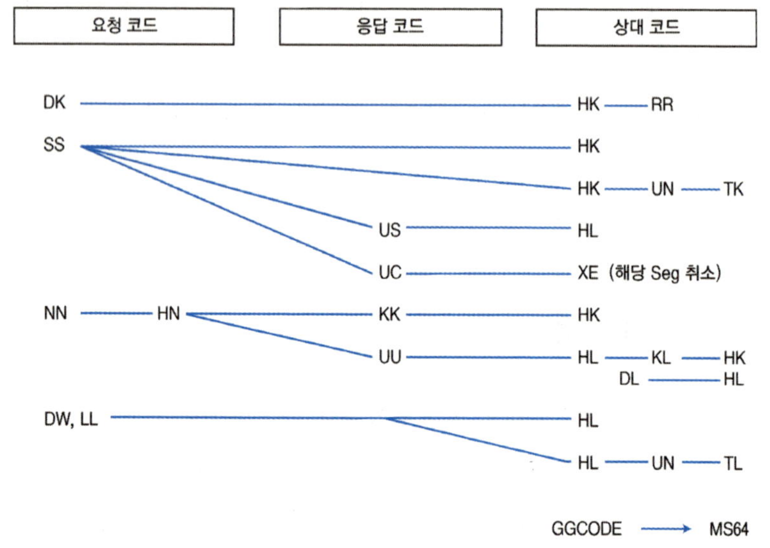

3) 예약코드의 종류

종류	요청 형태	내용
요청코드	여행사에서 항공사로 요청 항공사에서 항공사로 요청	여행사나 항공사에서 탑승할 해당 항공사로 좌석을 요청하는 코드임
응답코드	항공사에서 항공사로 응답 항공사에서 여행사로 응답	여행사나 해당 항공사가 요청한 탑승할 좌석에 대한 응답을 받은 코드임
상태코드	PNR에 최종적으로 나타나는 유지코드	

6) 토파스 여행정보(주)(2011). 예약, p. 141.
7) 조영신 · 김선희 · 양정미 · 인옥남 · 이승현 · 문희정 · 최정화(2011). 항공객실업무론, 한올출판사, pp. 237~239.

(1) 해당코드 의미 풀어보기

구분	명칭	내 용
요청코드	DK	좌석상태가 이미 확정된 경우를 나타내는 코드
	DW	좌석이 없어서 대기자 요청코드
	NN	좌석 및 부대 서비스 요청 시 사용하는 가장 기본적인 요청코드
	LL	Add To Waiting List(Non Amadeus System), 대기자로 예약할 경우 사용코드
	SS	Authorized Sell, 좌석을 판매한 상태
	PK	타 GDS에서 예약한 여정의 경우 발권을 위해 사용하는 코드(기존 QK 코드)
	GK	실제 예약이 이루어지지 않은 상태로 Fare Pricing용으로 사용되며, 발권을 불가하고, 해당 항공사로 메시지 전송은 되지 않은 코드
	SG	그룹 좌석 요청 시 사용되는 요청 코드
	PE	Priority Waiting List, 대기 좌석 요청 시 사용
응답코드	KK	예약요청한 좌석(항공편, 가타 요청)이 최종 확보되었음을 통보한 코드
	UU	요청된 좌석이 현재에는 불가능하여 대기자 명단에 기록됨을 통보하는 코드
	US	좌석을 판매하였으나 해당 항공사가 Accept 한지 않은 경우이며, 대기자 명단 통보 코드
	UC	요청된 좌석의 예약이 불가능하며, 대기자도 불가능함을 나타낸 통보 코드
	UN	요청한 항공편이 운항을 하지 않거나 요청한 서비스가 제공되지 않음을 통보하는 코드
	NO	요청사항이 잘못되었거나 기타의 사유로 Action을 취하지 않음을 통보. Action을 취하지 않는 이유는 Fact란에 통보됨
	KL	대기자 명단에 있던 승객이 대기자로부터 좌석이 OK되었음을 통보
	TK	출발시간 변경이나 항공기 편명이 변경되어 스케줄이 OK되었음을 통보 주로 UN/TK가 함께 보여짐(HK-UN-TK)
	HX	항공사에 의해 여정이 취소되었음을 나타내며, 주로 T/L, NAME CHNG(이름 수정), ADD INFO 부재 등 예약규정에서 벗어난 예약 경우 Fact란에 통보
상태코드	HK	요청한 좌석이 확약되어 예약이 완전하게 이루어진 상태를 나타내주는 코드
	HL	요청한 예약이 대기자 명단에 올려 있는 상태를 나타내는 코드
	RR	여행자, 여행사의 요청코드로 이미 확보된 예약을 다시 재확인한 상태
기타	HN	항공사 좌석을 요청하고 응답이 오기까지 유지되는 코드로 그룹의 경우 SG를 요청하면 HN을 보여짐
	DL	대기승객의 좌석이 OK가 되어 KL 응답코드로 왔음에도 불구하고 HK 상태코드로 바꾸어 주지 않아서 다시 대기자 상태인 KL로 되돌려진 상태 코드

(2) 예약상태 코드의 변경

응답코드는 수시로 예약자가 항공사로부터 응답이 온 상태코드를 잘 체크하여야 하며, 응답코드를 최종적으로 상태코드로 변경해주는 것이 매우 중요하다. 그렇지 않은 경우 어렵게 확약된 좌석이 다시 대기상태로 변경되는 경우가 발생할 수 있으므로 주의를 기울여야 한다.

① 자동정리

ETK 혹은 ERK

(상태코드 자동정리+PNR 저장) (상태코드 자동정리+PNR 저장+PNR조회)

〈예제 화면〉

```
---------RLR------
RP/SEL13UA3/SELK13UA3                    AA/SU         26FEB15/0149Z
1234-4567
  1. KIM/AYOUNGMS              2.KIM/MIJUMRS
  3. KE651  11JUL 1 ICNBKK  UN2  1240  2110   29JUL  E KE/GVPYOS
  4. KE651  11JUL 1 ICNBKK  TK2  1805  2135   29JUL  E KE/GVPYOS
```

ETK 혹은 ERK

PNR의 화면 정리 및 저장(END TRANSACTION)

ER	End and Retrieve : PNR 완성 후 바로 조회가 가능하므로 시스템에서 ER이 가장 많이 이용됨
ET	End Transaction : 예약에 필요한 조치 후 PNR 완성 ET하면 PNR이 완성됨
RTPP	이전 작업한 PNR 재조회로 기존 *RR의 용도임
RT	작업중인 PNR Display로 기존 *R의 용도임
ETK/ERK	완료 및 불완전 STATUS 코드 정리(KK/PN/WK/SC) 현재는 학생들 수업에서는 불가함

제 5 절 Segment Continuity (여정의 연속성)[8]

항공여정은 항상 연속성의 원칙에 의해서 작성되어야 하고, 이러한 연속성이 이루어지지 않으면 에러(Error) 메시지와 함께 예약기록이 완료되지 않는다. 연속성은 시간의 연속성과 구간의 연속성으로 구별된다.

이는 두 개의 여정을 예약할 경우 시간의 순서가 순차적으로 입력되어야 함을 의미하여, 첫 번째 여정의 도착시간이 두 번째 여정의 출발시간이나 날짜가 빨라야 입력이 됨을 의미한다.

특히, 구간의 연속성은 PNR상에 연속성을 맞추는 작업을 반드시 입력하지 않아도 상관은 없으나 다시 PNR을 불러왔을 경우 Error Massage가 뜨게 되어 다시 ER이나 ET를 저장해주어야 하므로 가능한 구간의 연속성을 맞추는 ARNK를 삽입해주는 것이 좋다.

다만, 기존의 시스템에서는 구간의 연속성이 맞지 않는 구간에서 ARNK 삽입을 하였으나 현재의 시스템에서는 순서를 맞추지 않아도 자동 정렬이 되어 편리하게 시스템화되어 있다.

8) 토파스 여행정보(주)(2011). 예약, pp. 57~63.

1 시간의 연속성 주의사항

가. 각 여정(Segment)의 출발일은 바로 앞 여정의 도착일과 같다거나 늦어야 한다. 또한 시간의 연속성이 순차적으로 맞아야 한다. 아래의 경우 1번 구간 인천-홍콩 도착이 22시 55분이므로, 홍콩 출발 시드니행 비행기는 22시 55분 이후 비행편인 CX101을 예약하여야 한다.

Entry 화면 1

```
RP/SELK1338F/
  1  CX 419 Y 01SEP 2 ICNHKG DK1  2005 2255  01SEP  E  0 333 D
     SEE RTSVC
>

> AN1SEPHKGSYD/ACX

AN1SEPHKGSYD/ACX
** AMADEUS AVAILABILITY - AN ** SYD SYDNEY.AUNS              202 TU 01SEP 0000
 1   CX 139   J9 C9 D9 I9 W9 R9 E9 /HKG 1 SYD 1  0900    2000  E0/77W        9:00
              Y9 B9 H9 K9 M9 L9 V9 S9 N9 Q9 O9
 2   CX 111   J9 C9 D9 I8 W9 R4 EL /HKG 1 SYD 1  1850    0610+1E0/333        9:20
              Y9 B9 H9 K9 M9 L9 VL SL NL OL
 3   CX 161   J9 C9 D9 I9 W9 R9 E7 /HKG 1 SYD 1  2130    0845+1E0/333        9:15
              Y9 B9 H9 K9 M9 L9 V9 S9 N9 Q9 O8
 4   CX 101   J9 C9 D9 I9 W9 R9 E9 /HKG 1 SYD 1  2355    1105+1E0/333        9:10
```

그러나 아래 그림과 같이 CX111편을 예약하였더니 CHECK SEGMENT CONTINUITY라는 경고 메시지가 표시되고 여정의 순서도 맞지 않게 되었다. 이는 2번과 3번 여정 간에 시간의 연속성이 맞지 않은 경우이므로 비행시간을 조정하여 연속성을 맞추어야 한다.

여정의 시간, 구간의 문제발생 시 응답화면

Entry 화면 1

```
> AP02-111-2222

RP/SELK1338F/
  1.KIM/TESTMR
  2  CX 111 Y 01SEP 2 HKGSYD DK1  1850 0610  02SEP  E  0 333 BD
     SEE RTSVC
  3  CX 419 Y 01SEP 2 ICNHKG DK1  2005 2255  01SEP  E  0 333 D
     SEE RTSVC
  4 AP 02-111-2222
>

> ER
WARNING: CHECK SEGMENT CONTINUITY - SEGMENT 2/3
RESERVATION NUMBER BASED ON PHONE:2111-2226
```

나. 각 여정(Segment)의 출발일이 바로 앞 여정의 도착일과 같을 경우에는 도착시간과 다음 여정의 출발 시간 사이의 최소 연결 시간(MCT : Minimum Connecting Time)을 확인하여 최소 연결 시간 이상의 차이가 있어야 된다. 통상적으로 최소 연결 시간(MCT)은 비행기 환승시간 등에 맞추어 2시간 정도이다. 미국이나 캐나다에서는 첫 입국하는 도시에서 입국심사한 다음에 환승해야하기 때문에 최소 연결 시간을 여유 있게 두어야 한다.

예제 다음은 인천에서 파리까지 대한항공을 타고, 루프트한자 비행기를 타고 파리에서 프랑크푸르트로 환승하려고 한다. 파리(CDG)에 18:20에 도착하고 파리에서 프랑크푸르트 (FRA)행 19:35분 비행기를 예약하였으나, 최소 연결 시간이 맞지 않아 아래와 같은 경고 메시지가 나타났다.

MINIMUM CONNECTION TIME 문제 시 응답화면

Entry 화면 1

```
RP/SELK1338F/
2111-2226
RF
  1.KIM/TESTMR
  2  KE 901 Y 01SEP 2 ICNCDG DK1  1320 1820  01SEP  E  0 388 LD
     SEE RTSVC
  3  LH1047 Y 01SEP 2 CDGFRA DK1  1935 2050  01SEP  E  0 32A S
     SEE RTSVC
  4 AP 02-111-2222
  5 TK OK10FEB/SELK1338F
  6 OPW SELK1338F-24FEB:1900/1C7/KE REQUIRES TICKET ON OR BEFORE
        25FEB:1900/S2
  7 OPC SELK1338F-25FEB:1900/1C8/KE CANCELLATION DUE TO NO
        TICKET/S2
>

> ER
WARNING: CHECK MINIMUM CONNECTION TIME - SEGMENT 2/3
NEED MOBILE PHONE OR EMAIL ADDRESS
WARNING: KE REQUIRES TICKET ON OR BEFORE 25FEB:1900/S2
```

용어해설 **CHECK MINIMUM CONNECTION TIME-SEGMENT 2/3**

CDGFRA구간에서 최소연결시간(MCT)이 2시간이나 본 예약편은 CDG에서 1시간 15분 경유시간 밖에 없기 때문에 비행기를 갈아타기엔 시간이 맞지 않는다. 이를 위해서 다음 비행편을 예약하여 시간의 연속성을 맞추어야 한다.

PNR상에서 여정의 Miniumum Connecting Time(실제 연결시간) 확인하기

DMI

Entry 화면 1

```
> DMI

CHECK MINIMUM CONNECTING TIME - SEGMENT 2/3
CDG-CDG        FROM       -           TO
CC FLTN-FLTR ORGN EQPTM-CC FLTN-FLTR DEST EQPTM      HMM
KE                   2E-                         1 I/I:145
ACTUAL CONNECTING TIME IS 115
```

2 구간의 연속성

각 여정의 출발지는 바로 전 여정의 도착지와 일치하여야 한다. 만일 일치하지 않으면 구간의 연속성이 맞지 않아 경고 메시지가 나타난다. 단, 공항이 여러 개 있는 도시의 공항 코드는 같은 도시로 간주하여 구간의 연속성이 맞는다.

Entry 화면 1

```
  1.KIM/TESTMR
  2  KE 723 Y 01JAN 5 ICNKIX DK1  0900 1045  01JAN  E  0 333 O
     SEE RTSVC
  3  JL3049 Y 03JAN 7 NRTCTS DK1  1840 2025  03JAN  E  0 73H
     SEE RTSVC
  4 AP 02-111-2222
  5 TK OK10FEB/SELK1338F
  6 OPW SELK1338F-24FEB:1900/1C7/KE REQUIRES TICKET ON OR BEFORE
        25FEB:1900/S2
  7 OPC SELK1338F-25FEB:1900/1C8/KE CANCELLATION DUE TO NO
        TICKET/S2
>

> ER
WARNING: CHECK SEGMENT CONTINUITY - SEGMENT 2/3
```

용어해설 SEGMENT CONTINUITY SEG2/3

2번 여정과 3번 여정이 구간 연속성에 맞지 않음

3 여정의 연속성 맞추기

여정의 연속성이란 출발지와 도착지가 계속 맞아 떨어져야 하는데 그렇지 못한 경우를 말한다. 예를 들면 승객의 첫 기착지가 영국일 때 그 다음 출발지는 영국이 출발지가 되어야 하나 승객이 다른 교통편으로 영국에서 프랑스로 이용하여 항공을 이용할 경우 영국이 아닌 프랑스에서 출발할 수 있게 된다. 그런 경우 여정의 연속성이 깨지게 된다. 이 경우에 어랭크(ARNK)나 미확정구간 예약(오픈예약)으로 연속성을 맞추어야 하며 비항공운송구간에 대한 정보를 입력하여야 한다.

1) ARNK(Arrival Unknown) 어랭크 여정

승객이 항공편을 이용하지 않고 다른 운송기관을 이용하여 이동하는 비항공 운송구간(Surface Segment)이 발생하여 구간의 연속성이 맞지 않으면 비항공 운송구간에 어랭크(ARNK)를 삽입하여 여정의 연속성을 맞추어 주어야 한다.

ARNK를 입력하지 않으면 Error MSG(에러 메시지)가 나오지만 한 번 더 ER을 입력하면 저장이 가능하다. 그러나 향후 PNR 수정작업 발생 시 ARNK를 입력해 놓지 않으면 PNR 변경 시 마다 Error MSG가 'Warning : Check Segment Continuity-Segment 2/3'이라고 표시된다. 따라서 사용자가 선택해서 입력 여부를 결정하면 되지만 처음부터 입력하여 여정의 연속성을 맞추는 것이 PNR 작성에 유리하다. 이때 여정순서는 자동 정렬되므로 순서 조정이나 삽입 기능이 필요 없다.

2) 비항공 운송구간 정보 입력하기

```
SI ARNK
```

SI : Information Segment 기본지시어
ARNK : Arrival Un Known

Entry 화면 1

```
>

> SS1Y2

 RP/SELK1338F/
   1  KE 603 Y 10NOV 2 ICNHKG DK1  0825 1120  10NOV  E  0 744 B
      SEE RTSVC
   2  KE 624 Y 20NOV 5 MNLICN DK1  2345 0415  21NOV  E  0 773 M
      SEE RTSVC
 >

> SIARNK

 RP/SELK1338F/
   1  KE 603 Y 10NOV 2 ICNHKG DK1  0825 1120  10NOV  E  0 744 B
      SEE RTSVC
   2  ARNK
   3  KE 624 Y 20NOV 5 MNLICN DK1  2345 0415  21NOV  E  0 773 M
      SEE RTSVC
```

서울-홍콩 구간은 비행기를 탑승하고 홍콩-마닐라 구간은 비행기를 탑승하지 않는 경우 비항공 운송구간임을 표시하기 위해 SIARNK를 입력한다. 해당 화면처럼 1. ICN/HKG 구간과 3. MNL/ICN 사이에 2. ARNK 표시가 됨을 확인할 수 있다.

3) 운송구간 여정 순서 조정하기

```
RS 3, 2
```

3, 2번 여정을 3, 2번 순서를 조정하여 여정의 연속성을 맞춘다.

연습문제

1. 3월 5일 인천-프랑크푸르트, 3월 7일 로마-파리, 3월 10일 파리-인천 구간을 예약하여 시간의 연속성을 맞추어 보세요.

2. 5월 5일 인천-나리타, 5월 9일 오사카-인천 구간을 예약하고 시간의 연속성을 맞추어 보세요.

3. 10월 10일 인천-암스텔담, 11월 2일 마드리드-인천 구간을 예약하여 시간의 연속성을 맞추어 보세요.

4. 다음과 같이 입력한 후 여정의 순서를 조정해 보세요.

일정: 2월 15일 인천–홍콩 Y Class
2월 20일 싱가포르–인천 Y Class
2월 17일 홍콩–싱가포르 Y Class

제 6 절 여정의 취소 및 변경

1 여정의 취소방법

승객의 취소요청이나 잘못 작성된 일부 여정을 취소하기 위해서는 해당 Elements의 번호를 사용하여 취소한다. 승객의 이름 삭제하는 경우와 마찬가지로 PNR상의 여정 하나만을 취소할 경우에는 "XE" 지시어 해당 여정의 번호를 입력하여 취소한다. PNR상에서 Data입력 시마다 순서대로 번호가 부여되므로 각각의 번호를 이용하여 취소한다.

1) 일부구간 취소하기

```
XE2
```

- XE 기본지시어
- 2 : Element 번호로 취소(해당 여정 번호)

서울/홍콩/서울 여정인 경우 응답화면에서처럼 승객의 이름이 1번, 서울 홍콩 여정이 2번, 홍콩/서울 여정이 3번인 경우 KE607편 1MAY ICNHKG 구간을 취소하고자 할 경우 XE2번으로 취소한다.

① 작성한 여정을 확인하고 취소할 라인을 결정

② 2번 여정을 취소하고자 할 경우 취소 지시어인 XE2(XE : 취소 명령어 2 라인 번호)을 입력

③ 여정취소 후 Availability(AN)를 이용하여 새로운 여정을 조회한다.

④ PNR 상의 여정취소나 변경 시에는 항상 ER로 여정을 저장한다.

Entry 화면 1

```
--- RLR ---
RP/SELK1338F/SELK1338F              AA/SU   10FEB15/1802Z    ZGC7YL
2111-2226
  1.KIM/TESTMR
  2  KE 607 Y 01MAY 5 ICNHKG HK1   1945 2230   01MAY   E   KE/ZGC7YL
  3  KE 614 Y 20MAY 3 HKGICN HK1   1405 1845   20MAY   E   KE/ZGC7YL
  4 AP 02-111-2222YANG
  5 APM 010-9187-6302
  6 TK OK10FEB/SELK1338F
  7 OPW SELK1338F-24FEB:1900/1C7/KE REQUIRES TICKET ON OR BEFORE
        25FEB:1900/S2-3
  8 OPC SELK1338F-25FEB:1900/1C8/KE CANCELLATION DUE TO NO
        TICKET/S2-3
>

XE2

--- RLR ---
RP/SELK1338F/SELK1338F              AA/SU   10FEB15/1802Z    ZGC7YL
2111-2226
  1.KIM/TESTMR
  2  KE 614 Y 20MAY 3 HKGICN HK1   1405 1845   20MAY   E   KE/ZGC7YL
  3 AP 02-111-2222YANG
```

2) 전체 여정의 취소방법

XI

① 전체 여정 취소의 입력 지시어

② 여정을 취소 후 확인 End Of Transaction

③ 여정 취소 후 여정이 남아 있지 않음을 확인할 수 있다.

전체 여정 취소 입력 응답화면

Entry 화면 1

```
--- RLR ---
RP/SELK1338F/SELK1338F              AA/SU  11FEB15/1456Z   ZH5KCU
1187-6302
  1.KIM/TESTMR   2.LEE/TESTMR
  3  KE 701 Y 01MAR 7 ICNNRT HK2  0905 1135  01MAR  E  KE/ZH5KCU
  4  KE 002 Y 10MAR 2 NRTICN HK2  1700 1950  10MAR  E  KE/ZH5KCU
  5 AP 02-111-2222
  6 APM 010-9187-6302
  7 TK OK11FEB/SELK1338F
  8 OPW SELK1338F-16FEB:1900/1C7/KE REQUIRES TICKET ON OR BEFORE
        17FEB:1900/S3-4
  9 OPC SELK1338F-17FEB:1900/1C8/KE CANCELLATION DUE TO NO
        TICKET/S3-4
>

>XI  ①
--- RLR ---
RP/SELK1338F/SELK1338F              AA/SU  11FEB15/1456Z   ZH5KCU
1187-6302
  1.KIM/TESTMR   2.LEE/TESTMR
  3 AP 02-111-2222
  4 APM 010-9187-6302
  5 TK OK11FEB/SELK1338F
>

>ER  ②
RP/SELK1338F/SELK1338F              AA/SU  11FEB15/1506Z   ZH5KCU
1187-6302
  1.KIM/TESTMR   2.LEE/TESTMR
  3 AP 02-111-2222                              ③
  4 APM 010-9187-6302
  5 TK OK11FEB/SELK1338F
```

3) 여정 및 Data 취소(HE XE)

여정의 취소 및 Data 취소방법

번 호	명 칭	내 용
1	XI	전체 여정(Itinerary)만 취소
2	XE	여정선택 시 기본지시어
3	XE1,3	1번과 3번만 선택적으로 취소(Element 번호로 취소)
4	XE3-8	3번에서 8번까지 취소

2 여정의 변경(Rebooking PNR) → (HE Rebook or HE SB)

1) 여정상의 날짜 변경(Date 재예약)

SB12MAR4

SB↵	Should Be : 변경 기본지시어
12MAR	: 변경하고자 하는 새로운 날짜
4	: 변경하고자 하는 여정 번호

Entry 화면 1

```
> ER

--- RLR ---
RP/SELK1338F/SELK1338F             AA/SU  11FEB15/1521Z   ZH5KCU
1187-6302
  1.KIM/TESTMR    2.LEE/TESTMR
  3  KE 701 Y 01MAR 7 ICNNRT HK2  0905 1135  01MAR  E  KE/ZH5KCU
  4  KE 704 Y 10MAR 2 NRTICN HK2  1355 1635  10MAR  E  KE/ZH5KCU
  5 AP 02-111-2222
  6 APM 010-9187-6302
  7 TK OK11FEB/SELK1338F
  8 OPW SELK1338F-16FEB:1900/1C7/KE REQUIRES TICKET ON OR BEFORE
        17FEB:1900/S3-4
  9 OPC SELK1338F-17FEB:1900/1C8/KE CANCELLATION DUE TO NO
        TICKET/S3-4
>

> SB12MAR4   ①
--- RLR ---
RP/SELK1338F/SELK1338F             AA/SU  11FEB15/1521Z   ZH5KCU
1187-6302
  1.KIM/TESTMR    2.LEE/TESTMR
  3  KE 701 Y 01MAR 7 ICNNRT HK2  0905 1135  01MAR  E  KE/ZH5KCU
  4  KE 704 Y 12MAR 4 NRTICN DK2  1355 1635  12MAR  E  0 77W D   ②
     SEE RTSVC
  5 AP 02-111-2222
  6 APM 010-9187-6302
  7 TK OK11FEB/SELK1338F
  8 OPW SELK1338F-16FEB:1900/1C7/KE REQUIRES TICKET ON OR BEFORE
```

2) 여정상의 클래스 변경(Class 재예약)

SBC3

- SB : Should Be : 변경 기본지시어
  C : 변경하고자 하는 새로운 Booking Class
  3 : 변경하고자 하는 여정 번호

Entry 화면 1

```
> ER

--- RLR ---
RP/SELK1338F/SELK1338F              AA/SU  11FEB15/1522Z   ZH5KCU
1187-6302          ②
  1.KIM/TESTMR    2.LEE/TESTMR
  3  KE 701 Y 01MAR 7 ICNNRT HK2  0905 1135  01MAR  E  KE/ZH5KCU
  4  KE 704 Y 12MAR 4 NRTICN HK2  1355 1635  12MAR  E  KE/ZH5KCU
  5 AP 02-111-2222
  6 APM 010-9187-6302
  7 TK OK11FEB/SELK1338F
  8 OPW SELK1338F-16FEB:1900/1C7/KE REQUIRES TICKET ON OR BEFORE
        17FEB:1900/S3-4
  9 OPC SELK1338F-17FEB:1900/1C8/KE CANCELLATION DUE TO NO
        TICKET/S3-4
>
  ①
> SBC3
--- RLR ---
RP/SELK1338F/SELK1338F              AA/SU  11FEB15/1522Z   ZH5KCU
1187-6302
  1.KIM/TESTMR ③  2.LEE/TESTMR
  3  KE 701 C 01MAR 7 ICNNRT DK2  0905 1135  01MAR  E  0 77W B
     SEE RTSVC
  4  KE 704 Y 12MAR 4 NRTICN HK2  1355 1635  12MAR  E  KE/ZH5KCU
  5 AP 02-111-2222
  6 APM 010-9187-6302
  7 TK OK11FEB/SELK1338F
  8 OPW SELK1338F-16FEB:1900/1C7/KE REQUIRES TICKET ON OR BEFORE
```

① 3번에 해당하는 ICN NRT 여정의 Y Class를 C Class로 변경 요청

②③ 3번 여정의 Y Class가 C Class로 변경됨을 확인할 수 있다.

3) 여정상의 항공편 변경(항공편 재예약)

SBKE001*3

- SB Should Be : 변경 기본지시어
- KE001 : 변경하고자 하는 새로운 항공편(FLIGHT NO.)
- *3 : Asterisk(구분기능) 변경하고자 하는 여정 번호

```
Entry 화면 1
RP/SELK1338F/SELK1338F              AA/SU  11FEB15/1606Z   ZH5KCU
1187-6302 ②
  1.KIM/TESTMR   2.LEE/TESTMR
  3  KE 701 Y 01MAR 7 ICNNRT HK2  0905 1135  01MAR  E  KE/ZH5KCU
  4  KE 704 Y 12MAR 4 NRTICN HK2  1355 1635  12MAR  E  KE/ZH5KCU
  5 AP 02-111-2222
  6 APM 010-9187-6302
  7 TK OK11FEB/SELK1338F
  8 OPW SELK1338F-16FEB:1900/1C7/KE REQUIRES TICKET ON OR BEFORE
        17FEB:1900/S3-4
  9 OPC SELK1338F-17FEB:1900/1C8/KE CANCELLATION DUE TO NO
        TICKET/S3-4
>
①
> SBKE001*3
--- RLR ---
RP/SELK1338F/SELK1338F              AA/SU  11FEB15/1606Z   ZH5KCU
1187-6302
  1.KIM/TESTMR   2.LEE/TESTMR
③ 3  KE 001 Y 01MAR 7 ICNNRT DK2  1740 2000  01MAR  E  0 333 D
     SEE RTSVC
  4  KE 704 Y 12MAR 4 NRTICN HK2  1355 1635  12MAR  E  KE/ZH5KCU
  5 AP 02-111-2222
  6 APM 010-9187-6302
  7 TK OK11FEB/SELK1338F
  8 OPW SELK1338F-16FEB:1900/1C7/KE REQUIRES TICKET ON OR BEFORE
```

① 3번에 해당하는 ICN NRT 여정의 항공편을 KE701에서 KE001편으로 변경요청, 비행기 편명이 숫자로 끝나므로 해당 라인 번호의 숫자와 구분하기 위해 *(아스테리크 Asterisk)로 구분하였다.

②③ 3번 여정의 비행편이 KE701에서 KE001로 변경됨을 확인할 수 있다. 항공편이 변경됨에 따라서 출발시간, 도착시간도 변경되었다.

Modifying PNR 입력방법

구 분	Entry	내 용
좌석수 변경	2/3	2번 구간을 좌석으로 변경 감소, 증가 모두 가능, 단, 저장 이전에만 가능
Class 변경	SBC3	3번 Segment 구간을 C로 변경
날짜 변경	SB11FEB2	2번 Segment 구간을 11FEB로 변경
Class와 날짜 변경	SBY11FEB2	2번 Segment 구간을 Y, 11FEB로 변경
편명 변경	SBKE652*3	3번 Segment 구간을 대한항공 652로 변경
여정 순서 변경	RS4,3	3, 4번 여정을 4, 3번 순서로 조정 또는 Element 순서 조정

연습문제

1. **다음 중 PNR의 각 Element에 대한 기본 Entry(지시어)로 맞는 것은?**

① 성명 : NN ① 전화 : PH

③ 여정 : SS ④ Remarks : RE

2. **다음 예약기록에서의 ERROR MSG의 의미와 PNR 작업 완료를 위한 처리방법을 쓰세요.**

```
1.1LEE / SEUNGKIMR 2.1KANG / HODONGMR
1 KE 811 M SA 25AUG ICNSYD HS2 2035 0740*1 CAB Y
2 KE 814 M TU 03SEP BNEICN HS2 0830 0715 CAB Y
FONE-ZR6-T 123-4567 TOPAS MS.KIM
E
SEG CONTINUITY SEG2
```

3. **다음 중 PNR 작성에 대한 설명으로 틀린 것을 고르세요.**

① PNR의 필수 구성요소는 성명, 전화번호, 여정, Ticket Arragement이다.

② PNR 저장 이전에 일부 승객명을 삭제하면 좌석은 자동으로 줄어든다.

③ 중간에 비항공 운송구간이 발생하더라도 반드시 ARNK를 입력할 필요는 없다.

④ 여정을 출발 순서대로 입력하지 않은 경우 PNR 저장을 위해 여정순서 조정이 필요하다.

4. 여정변경 간편 Entry를 이용하여 다음 여정에서 인천-싱가포르 출발일을 6월 5일로 변경하는 ENTRY를 적으세요.

```
1. KIM/TESTMR
2 KE 641 Y 01JUN 1 ICNSIN DK1 1840 2350 01JUN E 0 773 D SEE RTSVC
```

5. 여정변경 간편 Entry를 이용하여 다음 여정에서 인천-싱가포르 출발의 CLASS를 C Class로 변경하는 ENTRY를 적으세요.

```
1. KIM/TESTMR
2 KE 641 Y 01JUN 1 ICNSIN DK1 1840 2350 01JUN E 0 773 D SEE RTSVC
```

6. "대기자 예약"의 의미를 가지고 있는 예약 상태코드는?

① HL ② UN ③ UC ④ NO

7. 다음 예약코드에 관한 설명 중 틀린 것은?

① TK 는 출발시간 변경이나 FLT NO 변경으로 인해 변경된 SKDL로 OK되었음을 통보하며 주로 UN/TK가 함께 보여진다.

② 예약코드에는 요청코드, 응답코드, 상태코드가 있다.

③ UC / UN / NO는 TICKET(발권)이 불가한 응답코드이다.

④ UC는 대기자 명단에 있음을, UU는 대기자도 불가함을 뜻하는 응답코드이다.

8. 다음 PNR상의 SEGMENT STATUS CODE를 보고 물음에 답하세요.

```
1. KIM / TESTMR
S4FKEGS 06JUL RDFGH8 / 726-6841
1 CX 421 Y MO 15MAY ICNTPE KL1 0700 1000
2 KE 037 M MO 27JUN TPESEL UN1 1800 1705 CABIN Y
3 KE 037 M MO 27JUN TPESEL TK1 1900 1705 CABIN Y
4 TW 770 K TU 05MAY JFKBOS KK1 2000 0105
5 NH 122 C MO 24APR SELMNL PN1 1500 1605 CABIN C
FONE-S4F-T-726-6844 TOP MS / KIM.HJ
```

9. 대기자 명단에 있던 승객이 대기자로부터 좌석이 OK된 상태의 비행편은?

① CX 421 ② KE 037

③ TW 770 ④ NH 122

10. 위 문제에서 스케줄이 변경된 항공편의 최종 출발시간을 고르세요.

① 0700 ② 1800

③ 1900 ④ 2000

11. LAX에서 ICN 구간을 항공사, 날짜, 편명(Y-CLASS)을 모두 OPEN으로 하여 1좌석을 예약하고자 한다. 입력 ENTRY를 작성하세요.

12. 다음 PNR의 예약코드를 정리할 수 있는 단축 ENTRY로 알맞은 것은?

```
1 KE701 W 25MAY ICNNRT UN2 1330 1510
2 KE701 W 25MAY ICNNRT TK2 1430  1610
```

① ERK ② EMR

③ ER ④ EW

13. PNR 작성을 위해 승객의 이름을 입력하고자 한다. 아래 보기에 주어진 조건에 맞게 입력된 지시어는 어느 것인지 고르세요.

> 영문이름 : HONG / GILDONG
> 성별 : 남자 나이 : 2009년 2월 5일생

① NM1HONG/GILDONGMR

② NM1HONG/GILDONGMISS(CHD/5FEB9)

③ NM1HONG/GILDONGMSTR(CHD/05FEB09)

④ NM1HONG/GILDONGMSTR(CHD/05FEB2009)

14. 다음의 조건대로 PNR을 작성하여 PNR ADDRESS(= 예약번호)를 적으세요.

> 조건) 성명 : 1. 본인 2. KIM/SO AH(여자아이)(생년월일 : 2010년, 3월 1일)
> 여 정 : 1. 7월 11일 서울 - 동경, KE 이용(Y class)
> 2. 7월 15일 오사카 - 서울, KE 이용(Y class)
> 연락처 : 여행사 전화번호 02-111-2222 TOTO TOUR MS KIM

PNR을 완성한 후에 복편(Return)을 7월 14일로 변경하세요.

15. DIRECT SEGMENT 방식을 이용하여 KE 701편, Y CLASS, 10월 31일 인천에서 동경까지 2명을 예약하는 ENTRY를 쓰세요.

16. 항공사와 편수를 미확정하여 C CLASS로 HKG에서 ICN 구간에 2명을 OPEN 예약하는 ENTRY를 쓰세요.

17. 여정이 맞지 않을 때 발생할 수 있는 ERROR MESSAGE 유형은 몇 번인가?

① INVALID NO IN PTY SEG1 ② SEG CONTINUITY SEG2

③ INVALID NAME PSGR 1 ④ INPUT GRP FARE BASIS-GRPF

18. 다음 중 아래 PNR의 수정/삭제에 대한 설명으로 잘못된 것을 고르세요.

```
--- RLR ---
RP/SELK13UA3/SELK13UA3          AA/SU  28JUN13/1126Z  ZV5L6Y
7770-3083
 1.KIM/AAAMR  2.KIM/BBBMSTR(CHD/25DEC05)
 3  KE5711 Y 10MAR 1 GMPHND HK2  0800 1005  10MAR  E  KE/ZV5L6Y
    OPERATED BY JAPAN AIRLINES
 4  JL 091 Y 20MAR 4 HNDGMP HL2  0825 1100  20MAR  E  JL/ZV5L6Y
 5 AP -02-726-1234 TOPAS TOUR
 6 APM 010-1234-5678/P2
 7 TK OK28JUN/SELK13UA3
 7 SSR CHLD JL HK1 02MAR09
 8 SSR CHLD KE HK1 02MAR09
```

① JL 091편의 날짜를 22MAR로 변경하는 지시어는 SB22MAR4이다.

② 2번 승객의 생년월일을 수정하는 지시어는 (CHD/15MAR07)P2이다.

③ 2번 승객의 휴대폰 번호를 삭제하는 지시어는 XE6이다.

④ 여정을 전체 취소하고자 하는 경우 XI Entry를 사용할 수 있다.

19. 다음은 NAME Element에 관한 것이다. 틀린 설명을 고르세요.

① 소아(CHILD)와 유아(INFANT)는 첫 번째 승객으로 올 수 있다.

② 소아와 유아는 성명 입력 시에 나이(생년월일)를 함께 입력한다.

③ 타인의 성명을 대신 입력하는 것은 불가능하다.

④ 외국인 / 내국인에 상관없이 성(LAST NAME)을 먼저 입력한다.

제5장

Fact Element 작성 및 수정하기

제 1 절 Fact Element 작성하기

1 Fact Element 정의

Fact Element는 승객이 항공여행 예약 시 필요로 하는 제반사항을 해당 항공사에 요구하는 특별 요구사항이라 할 수 있다. 예를 들면, 식사, 좌석, 어린아이, 노약자 등 여러 가지 요청사항이 고객으로부터 있을 때 해당 항공사에 사실을 통보하여 항공사에서 이와 관련한 서비스 요청사항들을 알아야 필요한 사항을 준비할 수 있기 때문이다. 따라서 PNR을 작성하는 사람은 여러 가지 고객 요청사항들을 정확하게 기록함으로써 해당 항공사의 운송 준비에 차질이 없도록 하여야 하며, Fact Element는 승객의 요청사항에 따라 공항 탑승 시스템으로 이관 여부에 따라 General Fact와 Airport Fact 2가지로 구분되어 사용되고 있다.

1) Fact Field 구분

(1) General Fact(DCS: Departure Control System[1])

General Fact 사항은 일반적인 고객의 요구사항으로 예약의 처리 시에만 필요

1) 승객의 탑승관리와 화물 탑재관리를 위해 공항에서 사용하는 컴퓨터시스템

하고 공항 탑승 시스템에는 이관될 필요가 없는 사항이다. 즉 타 항공사에서 보내온 사항 중에서 예약 시에만 필요하고 공항에서 체크인 시에 참고 사항이라 할 수 있다.

(2) Airport Fact

Airport Fact 사항은 공항과 관련한 고객의 요구사항으로 반드시 4번 Field로 들어가며 DCS로 자동 이관된다. 왜냐하면 공항에서 서비스 내용을 알아야 고객에게 맞는 연계서비스가 이루어지기 때문이다. 따라서 Airport Fact 사항은 승객의 탑승 수속 및 탑재 관리를 주관하는 공항 탑승 시스템으로 이관되어야 한다. 즉 예를 들면, 승객이 VIP인 경우 귀빈실을 이용할 수 있도록 한다거나 고객이 노인인 경우 패밀리서비스를 이용한 경우는 이에 따른 직원 Care 서비스가 이루어져야 하기 때문이다.

(3) SSR 사항

SSR은 특별 서비스 요청사항으로 Special Service Requirement의 약자이다. SSR은 승객의 요구사항이 해당 항공사에서 준비를 필요로 하는 것으로 PNR을 작성하는 사람은 이를 PNR에 반영하고 해당 항공사로부터 응답을 받아야 한다. 예를 들면, 모든 구간에 승객이 야채식을 요청하는 경우 모든 항공사 구간에 동일한 식사를 할 수 있도록 준비하여야 하며 이에 대한 응답을 받아야 한다.

ICN(KE)-FRA(AF)-ROM 구간을 여행하는 승객이 야채식을 신청할 경우에도 동일한 요구사항이 준비되어야 하므로 예약자는 KE, AF에 해당내용을 알려주고 이에 대한 응답을 받는 것이다.

사례

- 승객이 채식주의자로 Vegetarian Meal을 신청할 경우
- 승객이 8세이며 부모 동반 없이 혼자 여행함.
- 승객은 미국대사로 항공사의 VIP임.
- 여정에 관련된 항공사 중 하나가 FLT의 스케줄 변경이 있음을 통보해야 하는 상황

2 스페셜 서비스(SR) 입력 방법

1) SSR : Special Service Request(HE SR)

전체 승객, 전체 여정에 요청

```
SRVGML
```

- SR Service Request 기본지시어
- VGML 야채식 Meal Code

Entry 화면 1

```
    SEE RTSVC
>

› NM1LEE/BAEKSOOMR

RP/SELK1338F/
  1.LEE/BAEKSOOMR
  2  KE 907 Y 01MAY 5 ICNLHR DK1  1300 1725  01MAY  E  0 77W LD
     SEE RTSVC
>

› SRVGML

RP/SELK1338F/
  1.LEE/BAEKSOOMR
  2  KE 907 Y 01MAY 5 ICNLHR DK1  1300 1725  01MAY  E  0 77W LD
     SEE RTSVC
  3 SSR VGML KE HK1/S2
```

- 1번 승객, 전체 여정에 요청

SRVGML / P2

SR　　Service Request 기본지시어
VGML : 야채식 Meal Code
/P2　　Slash, Meal신청 승객 번호

① 2번째 승객에게 전 일정 야채식 신청

② 2번 승객에게 비항공 운송구간인 4번을 제외하고 인천과 런던, 파리와 인천 3/5번 구간에 야채식 신청이 됨을 확인할 수 있다.

Entry 화면 1

```
> RT

RP/SELK1338F/
  1.LEE/BAEKSOOMR    2.KIM/BAEKJOMS
  3  KE 907 Y 01MAY 5 ICNLHR DK2   1300 1725   01MAY   E   0 77W LD
     SEE RTSVC
  4  ARNK
  5  KE 902 Y 10MAY 7 CDGICN DK2   2100 1500   11MAY   E   0 388 DB
     SEE RTSVC
>

> SRVGML/P2   ①

RP/SELK1338F/
  1.LEE/BAEKSOOMR    2.KIM/BAEKJOMS
  3  KE 907 Y 01MAY 5 ICNLHR DK2   1300 1725   01MAY   E   0 77W LD
     SEE RTSVC
  4  ARNK
  5  KE 902 Y 10MAY 7 CDGICN DK2   2100 1500   11MAY   E   0 388 DB
     SEE RTSVC
  6 SSR VGML KE HK1/S3/P2
  7 SSR VGML KE HK1/S5/P2   ②
```

VLML와 VGML

Vegetarian Lacto-Ovo Meal(서양채식)

- 생선류, 가금류를 포함한 모든 육류와 동물성 지방, 젤라틴을 사용하지 않고 계란 및 유제품은 포함하는 서양식 채식
- 곡류, 과일류, 야채류로 구성되며 식물성기름 사용

VGML

Vegetarian Vegan Meal(엄격한 서양채식)

- 생선류, 가금류를 포함한 모든 육류와 동물성 지방, 젤라틴뿐만 아니라 계란 및 유제품 포함하지 않는 엄격한 서양식 채식

2) INFT의 아기바구니 신청

```
SR BSCT
```

※ 승객번호 지정이 필요함. 따라서 Passenger Relation을 해주면 되나, 이와 같은 Bassinet를 신청할 경우 INF Name과 Relation이 되지 않으므로 동반보호자를 Relation해 주어야 한다.

```
SR BBML
```

Baby Meal신청하며 2번 승객이 동반보호자인 경우의 입력 지시어

아기 특별식이라도 아기에게 신청하는 것이 아니라 동반보호자에게 신청해야 함.

Entry 화면 1

```
> SRBBML/P1

RP/SELK1338F/
  1.WON/BINMR(INF/BABYMISS/10NOV14)   2.KANG/DONGWONMS
  3.LEE/NAYOUNGMS
  4  KE 603 Y 20MAY 3 ICNHKG DK3  0810 1055  20MAY  E  0 744 B
     SEE RTSVC
  5  KE 604 Y 25MAY 1 HKGICN DK3  1205 1645  25MAY  E  0 744 L
     SEE RTSVC
  6 SSR INFT KE HK1 WON/BABYMISS 10NOV14/S4/P1
  7 SSR INFT KE HK1 WON/BABYMISS 10NOV14/S5/P1
  8 SSR BBML KE HK1/S4/P1
  9 SSR BBML KE HK1/S5/P1
```

Special Meal List

〈영유아식 & 아동식〉

IFML

Infant Meal(영아식)

- 액상 조제유 또는 가루 분유, 아기용 주스와 베이비워터

제공

- 생후 12개월 미만의 영아에게 적합

BBML(Baby Meal, 유아식)

- 베이비워터와 주스 및 퓨레 상태로 제조된 Ready Made 이유식 제공
- 12~24개월 미만의 유아에게 적합

ICML(유아용 아동식)

- KE only
- 유아에게 CHML(Child Meal)을 신청하는 경우 제공
- Meal SVC은 CHML과 동일(단, 베이비워터 추가 제공)

CHML(Child Meal, 아동식)

- 만 2세 이상 12세 미만 어린이 고객을 위해 준비한 어린이 메뉴

3) CHML 메뉴명 입력 시 주의사항

Keyword를 정확히 입력하여야 하며, 한글 및 한국식영문표기의 입력 시 인식을 못한다. 다음은 잘못된 입력 사례이다.

예

HOT MEAL 햄버거 ➔ HAMBURGER
PASTA, 스파게티 ➔ SPAGHETTI
OMURICE, 오무라이스 ➔ FRIED RICE/EGG
DONGGASSEU, 돈가스 ➔ PORK CUTLET
피자 ➔ PIZZA
핫도그 ➔ HOT DOG
샌드위치 ➔ SANDWICH
김밥 GIMBAB ➔ SEAWEED ROLL

(1) 신청 방법(ENTRY)

가. 중/단거리(1회 제공 시)

```
SR CHML-PORK CUTLET/S3/P2
```

CHML : CHILD MEAL KEYWORD
S3 : 신청 SEG
P2 : CHILD 승객 지정

-PORK CUTLET : "-" + 제공가능한 CHML의 영문명을 정확하게 입력

나. 장거리(2회 제공 시)

```
SR CHML-1HAMBURGER/2SPAGHETTI/S3/P2
```

CHML : CHILD MEAL KEYWORD
S3 : 신청 SEG
P2 : CHILD 승객 지정

-1 : "-" + "1" 첫 번째 메뉴명 앞에 입력
HAMBURGER : 제공 가능한 메뉴의 영문명을 정확하게 입력
/2 : "/" + "2" 두 번째 메뉴명 앞에 입력
SPAGHETTI : 제공 가능한 메뉴의 영문명을 정확하게 입력

```
SR CHML-1PIZZA/2HOT DOG/S4/P2
SR CHML-1HAMBURGER/2HAMBURGER/S3/P2
```

CHML : CHILD MEAL KEYWORD
S3 : 신청 SEG
P2 : CHILD 승객 지정

(1ST, 2ND 동일메뉴 신청 가능)

4) 스페셜 서비스 주요 사항

SPML은 부득이한 이유로 정규 기내식을 취식하지 못하는 고객을 위해 준비되며 그 외의 추가적인 개인 선호의 기호식은 요청 불가하다. 예를 들어 쇠고기 고명을 제외한 비빔밥 요청/성인고객의 아동식 요청 등은 불가하다. 알러지를 유발할 수 있는 경우 특정 식재(오이, 깨, 양파, 마늘, 계란, 토마토 등)에 대한 알러지 반응 승객에 한해서만 사용가능하다.

SR SPML X ALLERGY X NO CUCUMBER

(1) 베이비워터 제공

최근 항공사에서는 서비스의 일환으로 베이비 워터를 IFML, BBML, ICML, PREG (임신부 Kit) 신청승객에게 기내에서 제공하고 있는 항공사도 있다.

- IFML, BBML, ICML 신청 승객은 Meal 제공 시 함께 제공
- PREG 신청승객(임산부)은 한국 출발편에 한해 임신부 Kit 제공 시에 함께 제공

(2) CHML 제공(국적기 기준)

- 한국 출발편 : 스파게티, 햄버거, 돈까스, 오므라이스
- 해외 출발편 : 스파게티, 햄버거, 피자, 핫도그

※ 한국에서 해외 출발편 MEAL까지 왕복 탑재하는 경우에는 입국편도 한국 출발편 기준으로 제공함.

(3) 기념 케이크(SPMA) 1종으로 통합 운영

- 전 여정 중 1회만 제공 가능함

(4) 기존 SPML + Allergy Meal 중복 신청 불가

(5) Allergy Meal 제공

- 정규편 기내식에 Allergy 식재가 포함되지 않은 경우, 정규편과 동일 메뉴 제공
- 정규편 기내식에 Allergy 식재가 포함되어 있는 경우, 해당 Meal에서 Allergy 유발 식재를 제외하고 대체 메뉴로 제공

(6) BLML 죽 메뉴 제공 기준

한국 출발편 Hot Meal 제공 구간 대상으로 수술환자, 위장장애 승객 등으로부

터 특별 요청이 있을 경우에 한하여 죽 메뉴를 제공하며, 항공기 출발시간 24시간 전에 주문하여야 한다. SPML은 한국 출발편에 한해서 지원 가능하며 해외 출발편의 경우 해외 현지 사정에 따라 제공 불가 특별식이 있으므로 확인하여야 한다. ICN 왕복 탑재 SPML의 경우 ICN 기준 적용되며, 각 지역별 제공 가능 특별식은 항공사에 별도 확인하여야 한다.

3 OSI 사항(Other Service Information) (HE OS)

OSI 기타 서비스 사항으로 Other Service Information의 약자로 OSI는 승객에 관련된 요구사항이 단순히 여정에 관련된 항공사들에게 정보의 전달만을 필요로 하고 응답이 필요 없는 사항이다.

OS KE TOUR GUIDE/P2

Entry 화면 1

```
>OS KE TOURGUIDE/P2

RP/SELK1338F/
  1.LEE/BAEKSOOMR    2.KIM/BAEKJOMS
  3  KE 907 Y 01MAY 5 ICNLHR DK2  1300 1725  01MAY  E  0 77W LD
     SEE RTSVC
  4  ARNK
  5  KE 902 Y 10MAY 7 CDGICN DK2  2100 1500  11MAY  E  0 388 DB
     SEE RTSVC
  6 OSI KE TOURGUIDE/P2
>
```

OS	Other Service Information 기본지시어
KE	항공사 코드
TOURGUIDE	Free Text(서비스 정보내용)을 입력함.
/P	2Slash로 구분, 해당 승객 번호

1) FACT 입력

(1) Keyword-AIS(Amadeus Information System)

IATA에서는 승객이 항공사에 요청하는 사항을 분류하고, 이를 정해진 Code로 만들어 입력 형태를 표준화 해놓고 사용하고 있으며, 이를 Keyword라고 한다. Keyword는 항공사가 자체적인 필요에 의해서 만들어서 사용하는 것도 있다. 예를 들면, Vegetarian Meal 같은 경우는 VGML로, NON Smoking Seat는 NSST로, INFANT는 INF, Animal In Cabin 같은 경우는 PETC로 사용하고 있다. AIS Page는 각 항공사가 직접 업데이트 및 운영하는 개별 항공사 정보 페이지로서, "GG AIR YY"(YY : Airline Two Letter Code)

GG AIR KE SSR	SSR LIST FOR TRAVEL AGENT Keyword Table Display Entry
GG AIR KE OSI	OSI LIST FOR TRAVEL AGENT Keyword Table Display Entry

Entry 화면 1

```
> GG AIR KE SSR

                         SSR                    EN  21NOV14 0552Z
 ***********************************************************
              SSR LIST FOR TRAVEL AGENT
 ***********************************************************
 ADPI ADVISE PASSENGER SECURITY INFORMATION
 ADTK ADVISE IF TICKETED
 AUTK AUTHORISE PNR FOR TICKETING
 AVIH ANIMAL IN HOLD
 AVML VEGETARIAN HINDU MEAL(INDIAN VEGETARIAN MEAL)
 BBML INFANT/BABY FOOD
 BIKE BICYCLE
 BLML BLAND MEAL
 BLND BLIND PASSENGER
 BSCT BASSINET/CARRYCOT/BABY BASKET
 BULK BULKY BAGGAGE
 CBBG CABIN BAGGAGE
 CHLD CHILD
 CHML CHILD MEAL
 CKIN PROVIDE INFORMATION FOR AIRPORT STAFF
 COUR COMMERCIAL COURIER
 CTCE PASSENGER IROP CONTACT INFORMATION E-MAIL ADDRESS
 CTCM PASSENGER IROP CONTACT INFORMATION MOBILE PHONE NUMBER
>
```

Keyword list

핵심어	Meaning	풀 이	Free Text
APIS	Advance PSGR INFO SYS (KE Only)	미국행 사전입국 심사제도(KE만)	Mandatory (반드시 기재)
AVIH	Animal Hold	애완동물을 안고 탈 때	"
AVML	Asian Vegetarian Meal	아시아식 야채식사 (상추, 고추, 깻잎 등)	Not Permit (허용 안함)
BBML	Infant / Baby Food	유아 / 소아식	"
BIKE	Bicycle	자전거	Optional (기재 유무 선택)
BLML	Bland Meal	위장에 부담 없는 식사	Not Permit
BLND	Blind PSGR	장님 승객	"
BSCT	Bassinet / Carry cot	아기 요람	"
BULK	Bulky Baggage	부피가 큰 짐	Mandatory
CBBG	Cabin Baggage	객실허용 짐	"
CHD	Child	어린이	Optional
CHML	Child Meal	어린이 식사	Optional
CIP	Commerial Important PSGR(KE Only)	재계거물(KE만)	Mandatory
CKIN	Provide INFO For APO STF	공항직원을 위한 정보	"
CTC	Contact	연결 요망	"
DBML	Diabetic Meal	당뇨환자를 위한 식사	Not Permit
DEAF	Deaf PSGR	귀머거리 손님	Optional
DEPA	Deportee With Escort	추방 호송	"
DEPU	Deportee Without Escort	단독 추방	"
DIPL	Diplomatic Courier	외교사절	"
EBAU	Excess Baggage AUTH (KE Only)	추가 수화물증서	Mandatory
EMIG	Emigrant	이민자	Optional
EXST	Extra Seat	여분의 좌석	Mandatory
FAX	Fax(KE Only)	예약기록 팩스로 전송	"
SIM	Fim Issued PSGR(KE Only)	영화 요청	"
FMLY	Family Care Service(KE Only)	가족보호서비스	"
FQTV	Frequent Flyer Mileage Program	사용비행사 마일 수당	"
FRAG	Fragile Baggage	부서지기 쉬운 짐	"
ERAV	First Available	첫 번째 이용 가능편	"

핵심어	Meaning	풀 이	Free Text
FTBS	Frequent Traveller Bonus SYS(KE Only)	사용고객 보너스제도	"
GFML	Gluten Free Meal	글루텐 비함유 식사	Not Permit
GPST	Group Seat RQST	그룹좌석 요청	Mandatory
GRPF	Group Fare Data	그룹요금 자료	"
GRPS	PSGR Travelling Together	동반 여행자	"
GTR	Goverment Travel RQST(KE Only)	공무원 항공여행	"
HAJJ	Haj Pilgrim(KE Only)	메카 순례 참배	"
HFML	High Fiber Meal	고섬유질 식사	Not Permit
HNML	Hindu Meal	힌두교식 식사	"
INAD	Inadmissible PSGR(KE Only)	허가될 수 없는 승객	Mandatory
INF	Infant	유아	Optional
KSML	Kosher Meal	유대교식 식사	Not Permit
LANG	Specify Language Spoken	특정언어 구사	Mandatory
LCML	Low Calorie Meal	저칼로리 식사	Not Permit
LFML	Low Cholestrol / Low Fat Meal	저콜레스테롤 / 저지방 식사	"
LPML	Low Protein Meal	저단백질 식사	"
LSML	Low Sodium / No Salt Added Meal	저염분식 / 염분 불첨가	"
MAAS	Meet and Assist	초행길 보조 요청	Mandatory
MEDA	Medical Case	의학, 의료, 의술	Optional
MIC	Mixed Interline Connecting(KE Only)	혼합 국제 연결편	Mandatory
MOML	Moslem Meal	회교식 식사	Not Permit
NLML	Non-Lactose Meal	유당 비함유 식사	"
NRC	No-Record Passenger	기록이 없는 승객	Mandatory
NSML	No Salt Added Meal(KE Only)	제공된 식사에 소금 안침	Not Permit
NSSA	No Smoking Aisle Seat	기내 통로 금연석	"
NSSB	No Smoking Bulkhead Seat	맨 앞 금연석	"
NSST	No Smoking Seat	금연석	Optional
NSSW	No Smoking Window Seat	창가 금연석	Not Permit
OTHS	Requires Action or Provide Reservation Related Info-rmation	예약관련 정보나 행동 요청	Mandatory
ORML	Oriental Meal	동양식	Not Permit

핵심어	Meaning	풀 이	Free Text
PETC	Animal In Cabin	기내 안의 동물	Mandatory
PRML	Low Purin Meal	저푸린 식사	Not Permit
RCFM	Reconfirmation(KE Only)	예약 재확인	Mandatory
RQST	Seat RQST	좌석 요청	Mandatory
RVML	Raw Vegetarian Meal	가공 안한 야채식	Not Permit
SEAT	Prereserved Seat RQST	좌석 보전 요청	Mandatory
SEAT	Prereserved Seat RQST	좌석 보전 요청	Mandatory
SEMN	Ship's Crew	선원	"
SFML	Sea Food Meal	해산물로 된 식사	Not Permit
SMSA	Smoking Aisle Seat	기내 통로 흡연석	"
SMSB	Smoking Bulkhead Seat	칸막이 옆 흡연석	"
SMST	Smoking Seat	흡연석	Optional
SMSW	Smoking Window Seat	창가 흡연석	Not Permit
SPEQ	Sports Eqipment	스포츠 장비	Mandatory
SPMB	Birthday Cake(KE Only)	생일 케이크	Not Permit
SPMH	Honeymoon Cake(KE Only)	허니문 케이크	"
SPML	Special Meal	특별식	Mandatory
SPON	Special PSGR(KE Only)	특별 승객	"
STCR	Stretcher PSGR	환자 승객	Not Permit
STF	Staff(KE Only)	직원	Optional
TCP	The Complete Party Is	단체 승객 수	Mandatory
TKAU	Ticket Accept Auth(KE Only)	티켓 받은 증서	"
TKTL	Ticketing Time Limit	발권 제한일	"
TWOV	Transit Without Visa	무비자 통과	Optional
UGFR	Upgrade to First Class Auth(KE Only)	일등석으로 좌석 변경	Mandatory
UGPR	Upgrade to Premium Class Auth(KE Only)	프리미엄석으로 좌석 변경	"
UMNR	Unaccompained Minor	비동반 소아	"
VGML	Vegetarian Meal	야채식	Not Permit
VIP	Very Important PSGR	귀빈	Mandatory
VLML	Lacto-Ovo Vegetarian Meal	유제품, 계란 포함 야채식	Not Permit
WCHC	Wheel Chair-Camp	휠체어 기내 좌석	Optional
WCHR	Wheel Chair-Ramp	휠체어 이동트랩까지 준비	"
WCHS	Wheel Chair-Steps	휠체어 계단까지 준비	"
XBAG	Excess Baggage	초과짐	Mandatory

4 FQTV 조회 및 입력 방법

1) FQTV의 정의

FQTV(Frequent Flyer Mileage Program)는 승객이 해당 항공사의 Mileage Program 회원인 경우 회원번호를 PNR에 입력해 놓으면 탑승 시 자동으로 Mileage가 누적되는 Program이다. 이는 대고객 서비스에 있어 중요한 사항이므로 탑승 전 반드시 회원가입을 완료하여 사전 입력토록 한다.

2) FQTV 조회 수행순서

MASK창을 이용해 마일리지를 조회할 수 있다.

① Mask ➔ 부대기능 ➔ SKYPASS 마일리지 조회

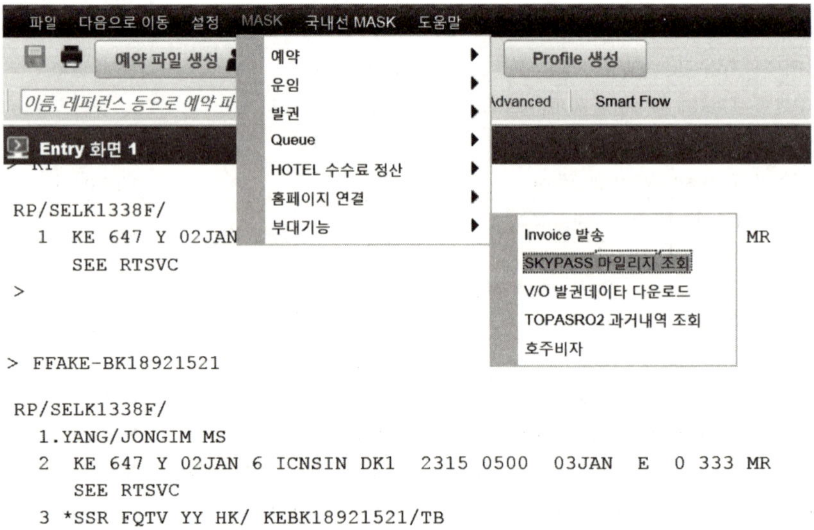

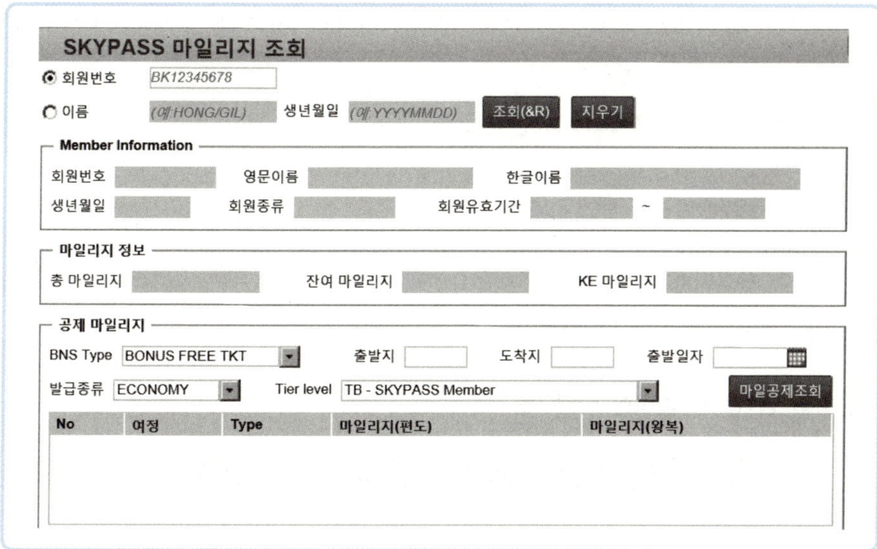

3) FQTV 입력방법

마일리지 적립 사항은 매우 민감한 사항으로서, 대 고객 서비스에 영향이 큰 사항이므로, 입력 시 각별한 주의가 필요하다.

(1) 대한항공 SKYPASS번호 입력 시 유의사항

'SR FQTV' 지시어를 이용하여 SKYPASS번호 입력 시 정확한 형식으로 입력해야 한다.

① SR FQTV KE-KEBK12345678 (○)

② SR FQTV KE-BK12345678 (×)

상기 ②의 부정확한 Format으로 입력 시, PNR에 입력은 되나 아래와 같은 문제가 발생할 수 있다.

a) 마일리지 적립 불가('BK'를 항공사 Code로 인식)

b) 보너스 항공권 발급 불가

(발권 시 Error Message "FOP RJT : Invalid And/Or Missing Frequent Traveller Information")

c) 인터넷에서 회원번호로 항공권 조회 불가

정확한 형식으로 입력한 경우에는 PNR의 SSR FQTV 앞에 Asterisk('*' : 자동 Validation 되었음을 의미)가 조회되나, 부정확한 Format으로 입력한 경우에는 Asterisk('*')가 조회되지 않는다.

부정확한 형식으로 입력한 나쁜 예

Entry 화면 1

```
> RT

--- SFP ---
RP/SELK1338F/
  1.KIM/TESTMR
  2  KE7895 Y 01JAN 5 ICNHNL DK1  2145 1040  01JAN  E  0 332 SB
     CHKIN CLOSE TIME 60MIN BEFORE DEP
     OPERATED BY HAWAIIAN AIRLINES
     SEE RTSVC
  3 RM NOTIFY PASSENGER PRIOR TO TICKET PURCHASE & CHECK-IN:
       FEDERAL LAWS FORBID THE CARRIAGE OF HAZARDOUS MATERIALS
       GGAMAUSHAZ/S2
> 4 SSR FQTV KE HK1/BC12345678
```

Asterisk(*)표시가 없음

정확한 형식으로 입력한 좋은 예

Entry 화면 1

```
> SR FQTV KE-KEBK18921521/P1

--- SFP ---
RP/SELK1338F/
  1.YANG/JONGIMMS   2.KIM/TESTMR
  3  KE 001 Y 01JAN 5 ICNHNL DK2  1740 0855  01JAN  E  1 333 M
     THIS FLT IS BOUND FOR HNL VIA NRT
     SEE RTSVC
  4 *SSR FQTV KE HK/ KEBK18921521/TB/P1
  5 RM NOTIFY PASSENGER PRIOR TO TICKET PURCHASE & CHECK-IN:
       FEDERAL LAWS FORBID THE CARRIAGE OF HAZARDOUS MATERIALS -
       GGAMAUSHAZ/S3
```

Asterisk(*)표시 있음

SKYPASS 번호 입력 시, 'FFA' 또는 'FFN' Entry를 이용하면 PNR의 Passenger Name과 SKYPASS의 Name을 자동 유효화(Validation)한다.

FFAKE-BK12345678 : Name Field와 SSR FQTV 자동 생성
FFNKE-BK12345678/P1 : SSR FQTV 자동 생성(PNR에 승객이름이 입력되어 있는 경우)

FFA or FFN :	Transaction code
KE :	Airline code
-BK12345677 :	Dash, Frequent flyer number

Entry 화면 1

```
> RT

RP/SELK1338F/
  1  KE 647 Y 02JAN 6 ICNSIN DK1  2315 0500  03JAN  E  0 333 MR
     SEE RTSVC
>


> FFAKE-BK18921521
                                  자동으로 이름 생성됨
RP/SELK1338F/
  1.YANG/JONGIM MS
  2  KE 647 Y 02JAN 6 ICNSIN DK1  2315 0500  03JAN  E  0 333 MR
     SEE RTSVC
  3 *SSR FQTV YY HK/ KEBK18921521/TB
```

(2) FQTV 지시어 정리

지시어	기능
FFAAF-1122334	항공사에서 FQTV정보를 제공하는 경우 마일리지 회원번호를 입력하는 지시어로 FQTV와 승객명이 자동 입력된다.
FFNAA-1112223	항공사에서 FQTV정보를 제공하지 않는 경우 마일리지 회원 번호를 입력하는 지시어로 승객명 입력 이후 FFN을 입력한다.
FFNKE-1234567, KE, DL	탑승 항공사와 회원 가입 항공사가 다른 경우 입력지시어(KE : 가입항공사, DL : 탑승 항공사)
FFDAF-1234567	마일리지 카드조회
VFFDKE	특정항공사 KE와 마일리지 협정 제휴항공사 리스트 조회

5 마일리지 입력 시 주의사항

2014년 8월 6일부터 개인정보보호법 개정으로 주민등록번호 수집/활용 금지 → 스카이패스 등 항공사 회원번호 오입력 사례 발생 지속되기 때문에 마일리지 입력 시 다음사항을 주의하여야 한다.

- 스카이패스 회원번호 입력 시 승객 MATCHING 여부 철저 확인
- 마일리지 공제 시, 기 입력된 회원번호 재확인하여 추가 실수 방지
- 정확한 회원번호 입력 강조

성명과 생년월일 조회하여 입력 시, 동명이인 정보를 입력할 가능성이 많으므로 탑승기록 등 기타 정보로 정확도 높이거나 회원마일리지 실물카드나 인쇄본 소지 여부 문의가 필요하다. 회원번호는 홈페이지와 스마트 폰 어플리케이션에서 확인 가능하며, Syrup, Moca와 같은 제휴 모바일 월렛 등록 시에도 간편한 확인이 가능하다.

체크포인트

- 회원번호 입력 절차 미 준수로 인한 동명이인 번호 오 입력
  - 탑승객 마일리지 적립 누락하여 불만 가중
  - 미 탑승 고객에 적립하여 개인정보 도용 의심을 삼
- 오 입력된 회원번호를 기반으로 부정확한 마일리지 정보 제공
  - 사용 가능 마일리지가 충분(혹은 부족)함에도 불구하고 잘못된 안내
- 오 입력된 회원정보 이용하여 마일리지 공제 업무 진행
  - 타인의 마일리지를 공제하여 좌석 승급 및 보너스 항공권 발권

연습문제

1. 다음 예약기록을 보고 1번 승객이 모든 여정에서 야채식을 요청하였을 경우 입력방법을 쓰세요.

```
1.1LEE / SEUNGKIMR    2.1KANG / HODONGMR   3.1KO/HYUNJUNGMRS
1 KE 811 M SA 25AUG ICNSYD HS3 2035 0740*1 CAB Y
2. ARNK
3 KE 814 M TU 03SEP BNEICN HS3 0830 0715 CAB Y
FONE-ZR6-T 123-4567 TOPAS MS.KIM
```

2. 위의 예약기록에서 1번과 3번 승객이 3번 여정에서 SEA FOOD 혹은 저콜레스테롤 식사를 요청하였을 경우 입력하세요.

3. 고객이 힌두교식 식사를 요청하였는데 서비스 Fact를 모르는 경우 입력 Keyword Fact를 입력하는 방법은?

4. 성인 2명(여자, 남자 각각) , 소아 1명(여아), 유아 1명(남아)을 입력하고 여정은 5월 9일 인천-카이로, 5월 12일 아테네-인천을 입력하세요.

5. 승객 2번에 VIP를 표시하고, 승객 1번 여정에 허니문 케이크를 입력하세요.

6. 1번 승객, 3번 승객은 어린이 식사 요청하고, 2번 승객은 창가금연석으로 입력하세요.

제 2 절 사전좌석 배정

1 사전좌석 배정

항공 좌석 예약 시 기내 좌석번호를 미리 지정해주는 것을 사전 좌석배정이라 하다. 항공예약 시 고객이 원하는 좌석을 미리 예약함으로써 고객의 만족도 제고 및 운송업무 효율성 향상을 위한 제도이다. Seat Map을 제공하는 항공사에 한해 사전 좌석 배정이 가능하다.

1) 사전 좌석배정 가능 조회 지시어

GGPCA	해당 항공사에서 Seat Map 제공 기능 여부 확인
GGAIR SEAT	항공사에서 제공하는 Seat Assign 정보 확인
GGAIR AF SEAT	해당 항공사에서 제공하는 Seat Assign 정보 확인

Entry 화면 1

```
> GGPCAAF

PARTICIPATING CARRIER ACCESS AND FUNCTION LEVEL
AF  -  AIR FRANCE

                                          ALTEA RESERVATION :  YES
     ACCESS INDICATOR :  /         RECORD LOCATOR RETURN :  ALL
LAST SEAT AVAIL INDIC :  /       CARRIER PREFERRED DISP :  ALL
      STANDARD ACCESS :            BOOKING RANGE IN DAYS :  361
   AMADEUS ACCESS SELL :  YES       INTERACTIVE SEAT MAP :  YES
 DYNAMIC SCHEDULE UPD :  YES             INTERACTIVE ASR :  YES
 NUMERIC AVAIL UPDATE :  YES              ASR DAYS/HOURS :  361/00
AMADEUS DYNAMIC AVAIL :  YES          BP ISSUE DAYS/HOURS :  361/03
        DIRECT ACCESS :

 PASSIVE SEGMENT:          PASSIVE NOTIFY:            PNR CLAIM:
 SERVICE SEGMENT:          DELETE SEGMENT:           TICKETLESS:
 MEAL VALIDATION:          FREQUENT FLYER: Y              EPAY:

FOR DECODING ENTER :              E-TKT NBR TRANSMISSION:ALL
GGPCALDEC   (FOR MENU)          PAPER TKNB TRANSM. VIA FA:IND. ONLY
GGPCALDEC1  (FOR ACCESS)   PAPER TNB TRANSM. VIA FHA/FHM:ALL
GGPCALDEC2  (FOR FUNCTION)     OPERATIONAL MVT/DIV FLIFO:Y
>
```

Entry 화면 1

```
> GGAIRAFSEAT

                                                EN    2JUL12 1000Z
                                         UPDATED BY PARUGAF - JH.UG

 .
 SEAT MAP          : SEE SM TRANSACTION TYPING **   HE SM   **
 -------------------------------------------------------------
 SEAT REQUEST
 .
 AFTER SM DISPLAY : SEE ST TRANSACTION TYPING **   HE ST   **
 OR HE SEAT
 IF NO SM DISPLAY : AIRIMP TRANSACTION CODES :
 .
 ST/NSST/P1   FOR NON-SMOKING SEAT
 ST/NSSA/P1            //     AISLE  SEAT
 ST/NSSB/P1            //     BULKHEAD SEAT
 ST/NSSW/P1            //     WINDOW SEAT
 : ALL AF FLIGHTS ARE NON-SMOKING FLIGHTS
 .
 ST/SMST/P1   FOR SMOKING SEAT
 ST/SMSA OR SMSB OR SMSW      AS ABOVE
 .
 ON AF MEDIUM HAUL FLIGHTS                  02JUL2012    MS24
 ON AF LONG HAUL FLIGHTS                    02JUL2012    MS35
```

사전 좌석예약 유의사항은 항공예약이 확약된 9명 이하 개인고객만 가능하고, 유아와 함께 여행하는 승객의 경우 반드시 유아 바구니 장착이 가능한 좌석을 배정한 후 이와는 별도로 유아바구니를 요청해야 한다.

2) 예약기록에서 좌석 배정하기(PNR에서 Seat Assign)

① PNR 열기

```
Entry 화면 1
> ER

--- RLR ---
RP/SELK1338F/SELK1338F            AA/SU  13FEB15/1507Z   ZLZ6DY
2111-2227
  1.YANG/JONGIMMS   2.JANG/YANGLAEMS
  3  CX 417 Y 01MAR 7 ICNHKG HK2  1020 1315  01MAR  E  CX/ZLZ6DY
  4  CX 416 Y 05MAR 4 HKGICN HK2  1640 2110  05MAR  E  CX/ZLZ6DY
  5 AP 02-111-2222
  6 APM 010-9187-6302
  7 TK OK13FEB/SELK1338F
>
```

② Seat Map 조회

③ PNR에 원하는 좌석(Seat)지정

SM, 혹은 SM3	Seat Map 조회, 3번 여정의 Seat Map 조회

```
Entry 화면 1
> SM3  ①

SM CX 0417/Y/01MARICNHKG                                   /S003/
SM CX  0417  Y 01MAR ICNHKG          772
   Y
   00        0               0 0         0
   34        5               5 6         7
③  9012345678901234567 8     9 0123456789012   ②
   BB <                >     EB
K  ++/++++++++++///////   K  . ++++++GGG////
J   //++.++++++.//////    J  Y ++++++GGG//
H  +//++++++++++///////   H  Y ..+...GGG////

G  ///++++++++++//////    G  / ......GGG////
E  +//+.++..++.+//////    E  . ......GGG////
D  +//++++++++.+//////    D  . +...+.GGG////

C   +/++++++++.+///////   C  Y +..+++GG/////    ④
B   ++++++++++.+//////    B  Y +++.+.GG///
. AVAILABLE   <> WING       F GEN FACI    K GALLEY   E EXIT     C COT
+ OCCUPIED    - LAST OFF    H HANDICAP    Q QUIET    G GROUPS   P PET
/ RESTRICTED  B BULKHEAD    V PREF.SEAT   X BLOCKED  L LEGROOM  U UMNR
() SMOKING    D DEPORTEE    UP UP-DECK    Z NO FILM  I INFANT   R REAR
Y CHARGEABLE
```

상기 좌석 배치도는 비행기 날개가 위아래 있다고 가정하고 번호를 지정한다.

① SM3 : Seat Map 기본지시어, 3번 여정

② 첫 번째 라인의 3, 4, 5, 6은 30, 40, 50, 60, 70번대 라인을 의미하며 라인 아래 9012345678901234 5678은 30, 40, 50, 60번대 좌석번호의 일의 자리 수이다.

③ 좌측의 알파벳은 좌석배치도의 행을 나타낸다.

④ ・은 좌석배정이 가능하며 〈 〉은 날개 쪽 좌석을 표시한다.

※ Seat Map 조회 추가 기능

- Vertical Seat Map For Flight, Class, Date : OZ988/C/10JANSELTYO/V
- orizontal Seat Map for Flight, Class, Date : OZ988/C/10JANSELTYO/H

(1) 좌석배정

가. 승객지정 좌석요청

좌석구역코드를 사용하여 특정유형의 좌석을 요청하며, 시스템이 자동적으로 해당 유형의 좌석번호를 배정한다. 여러 개의 좌석구역코드를 결합하여 요청이 가능하며 지정된 좌석구역을 충족하는 좌석이 없을 경우 차선의 좌석배치도가 보여진다. 좌석구역코드는 순서에 상관없이 사용 가능하다.

ST/44J/S3/P1	1번 승객(P1)의 3번 여정(S3)에 대해 좌석(seat)지정

Entry 화면 1

```
>ST/44J/S3/P1   ①
--- RLR ---
RP/SELK1338F/SELK1338F            AA/SU  13FEB15/1507Z   ZLZ6DY
2111-2227
  1.YANG/JONGIMMS   2.JANG/YANGLAEMS
  3  CX 417 Y 01MAR 7 ICNHKG HK2  1020 1315  01MAR  E  CX/ZLZ6DY
  4  CX 416 Y 05MAR 4 HKGICN HK2  1640 2110  05MAR  E  CX/ZLZ6DY
  5 AP 02-111-2222
  6 APM 010-9187-6302
  7 TK OK13FEB/SELK1338F
② 8 SSR RQST CX HK1 ICNHKG/44JN,P1/S3   SEE RTSTR
③>RTSTR
 2.YANG/JONGIMMS                         ④
     CX0417 Y 01MAR ICNHKG HK            44J   ST/44J
```

① ST : 좌석지정 기본지시어

/44J : Slash, 좌석번호 44J

/S3 : Slash, Seg 3번(인천/홍콩구간)

/P1 : 1번 승객

② 8번 라인에 1번 승객의 ICN/HKG 여정의 좌석번호가 44J로 요청과 동시에 확약됨을 알 수 있다.

③ RTSTR : 좌석(Seat) 예약여부 조회

나. 두 명 이상의 좌석 동시에 배정하기

ST/50BC	1번, 2번 승객의 좌석을 연결하여 한 번에 지정

Entry 화면 1

```
>ST/50BC  ①

--- RLR ---
RP/SELK1338F/SELK1338F            CI/RC   13FEB15/1510Z    ZLZ6DY
2111-2227
  1.YANG/JONGIMMS    2.JANG/YANGLAEMS
  3  CX 417 Y 01MAR 7 ICNHKG HK2  1020 1315  01MAR  E  CX/ZLZ6DY
  4  CX 416 Y 05MAR 4 HKGICN HK2  1640 2110  05MAR  E  CX/ZLZ6DY
  5 AP 02-111-2222
  6 APM 010-9187-6302
  7 TK OK13FEB/SELK1338F
② 8 SSR RQST CX HK2 ICNHKG/50CN,P2/50BN,P1/S3   SEE RTSTR
  9 SSR ADTK 1A ADV TKT NBR TO CX/KA BY 17FEB GMT 2359 OR
       SUBJECT TO CANCEL
```

① ST : 좌석지정 기본지시어

/50BC : 좌석번호 50B/ 50C를 지정

② 2번 승객 50C, 1번 승객 50C/ 3번 여정으로 배정됨

ST/A/S3-4/P1	좌석번호 없이 복도 좌석 요청

ST : 좌석지정 기본지시어

/A : Slash, Aisle(복도좌석)

/S3-4 : Slash, Seg 3번과 4번 여정(인천/홍콩/인천)

/P1 : 1번 승객

Entry 화면 1

```
> ST/A/S3-4/P1                                   ①

--- RLR ---
RP/SELK1338F/SELK1338F          CI/RC   13FEB15/1510Z    ZLZ6DY
2111-2227
  1.YANG/JONGIMMS    2.JANG/YANGLAEMS
  3   CX 417 Y 01MAR 7 ICNHKG HK2   1020 1315   01MAR  E   CX/ZLZ6DY
  4   CX 416 Y 05MAR 4 HKGICN HK2   1640 2110   05MAR  E   CX/ZLZ6DY
  5 AP 02-111-2222
  6 APM 010-9187-6302
  7 TK OK13FEB/SELK1338F
② 8 SSR NSST CX HK1 ICNHKG/50C,P1/S3    SEE RTSTR
  9 SSR NSST CX HK1 HKGICN/44H,P1/S4    SEE RTSTR
 10 SSR ADTK 1A ADV TKT NBR TO CX/KA BY 17FEB GMT 2359 OR
       SUBJECT TO CANCEL
```

① ST/A/S3-4/P1 : 좌석번호 입력 없이 복도 Seat 지정

② 8번 항목 : ICN/HKG 여정/복도좌석인 50C/1번 승객/3번 여정

9번 항목 : HKG/ICN 여정/복도좌석인 44H/1번 승객/4번 여정

다. 배정좌석 삭제하기

XE3	Element 번호된 좌석 취소
SX/S3	Segment 번호로 배정된 좌석 항목 삭제

SX : 좌석지정 취소 기본지시어

/S3 : Slash, Seg 3번

제 3 절 Remarks Element 작성 및 수정[2]

Remark Element는 예약직원들 상호간에 업무연락을 주고받는 메시지 역할을 하며, 해당 예약기록과 관련된 내용을 수록하여 직원들이 참조할 수 있도록 하고 있다. 또한 예약 재확인이나 승객에게 필요한 정보를 전달하였을 경우에도 해당되며, 기타 해당 PNR에 관련된 제반 내용을 수록하여 직원들이 빠르고 신속한 업무처리를 할 수 있도록 도와주는 역할을 하고 있다.

1 Remark Element 입력하기

1) Remark Element 작성

승객과 관련된 중요한 사항을 전달하기 위한 것으로 입력한 내용뿐만 아니라 Remark를 입력한 직원의 사인 및 업무코드와 입력한 일시를 컴퓨터가 자동적으로 입력해 주므로 사후에 책임유무를 알 수 있는 근거자료가 된다. PNR 생성완료

2) 강혜숙(2007). E-티켓시대의 항공예약발전, 대왕사, Pp. 144~147.

(EOT) 후에 입력한 RM사항은 모두 히스토리에 기록되므로 작업자 Sign과 입력시간을 확인할 수 있다. PNR상에서 RM 작업자와 입력 시간을 기록하고자 할 경우, 별도 입력하는 입력 지시어를 이용한다.

(1) RM/T//Free Text

T : Timestamp의 약자로 이 Option을 추가하면 RM옆에 입력자와 시간이 함께 표시된다.

(2) 각 종류별 특징

별로 중요하지 않는 내용으로 입력한 내용만을 기록 유지해 줄 뿐, 입력한 직원의 업무 코드나 입력 일시가 나타나지 않는다.

RM : General Remark로써 PNR조회가 가능한 모든 여행사가 볼 수 있다.

RC : Confidential Remark로써 보안기능이 있기 때문에 입력한 여행사만이 볼 수 있고 수정이 가능하다. 단, RC입력시 다른 여행사의 Office ID를 입력(세 개까지 입력)하면 지정된 여행사는 해당 RC를 볼 수 있다.

예

RC HKGCX0100, HKGCX0200-W/VIP PLZ ASSIST

- HKGCX0100은 읽은 수만 있으며, HKGCX0200은 읽고 수정하는 것이 모두 가능하다. 이때, W는 Write의 기능으로 입력내용 지시어이다.

RX : Corportae Remark를 입력한 여행사, 그리고 이 여행사와 Amadeus Extended Owner Ship Agreement(EOS)를 가진 여행사만 볼 수 있다.

(3) 입력방법

RM PAX NEEDS A VISA/P1-2/S3	1번 승객, 3번 여정에 입력

- RM : General Remarks 기본지시어
  PAX Needs A VISA : Free Text(자유 형식) 입력
  /P1-2 : Slash, 연결 승객 번호
  /S3 : Slash, 연결 여정 번호

Entry 화면 1

```
> RM PAX NEEDS A VISA/P1-2/S3

--- RLR ---
RP/SELK1338F/SELK1338F              CI/RC   13FEB15/1510Z    ZLZ6DY
2111-2227
RF
  1.YANG/JONGIMMS    2.JANG/YANGLAEMS
  3  KE 121 Y 01JAN 5 ICNSYD DK2  1905 0710  02JAN  E  0 744 DB
     SEE RTSVC
  4  KE 122 Y 10JAN 7 SYDICN DK2  0900 1740  10JAN  E  0 744 BL
     SEE RTSVC
     WARNING : THIS SEGMENT IS 331 DAYS IN THE FUTURE
  5 AP 02-111-2222
  6 APM 010-9187-6302
  7 TK OK13FEB/SELK1338F
  8 OPW SELK1338F-27FEB:1900/1C7/KE REQUIRES TICKET ON OR BEFORE
        28FEB:1900/S3-4
  9 OPC SELK1338F-28FEB:1900/1C8/KE CANCELLATION DUE TO NO
        TICKET/S3-4
 10 RM PAX NEEDS A VISA/S3/P1-2
>
```

연습문제

1. 아래 PNR에 대한 설명으로 옳은 것을 고르시오.

```
--- RLR ---
RP/SELK13UA3/SELK13UA3          AA/SU  28JUN13/1126Z  ZV5L6Y
7770-3083
 1.KIM/AAAMR   2.KIM/BBBMS
 3  KE5711 Y 10MAR 1 GMPHND HK2  0800 1005  10MAR  E  KE/ZV5L6Y
    OPERATED BY JAPAN AIRLINES
 4  JL 091 Y 20MAR 4 HNDGMP HL2  0825 1100  20MAR  E  JL/ZV5L6Y
 5 AP -02-726-1234 TOPAS TOUR
 6 APM 010-1234-5678/P2
 7 TK OK28JUN/SELK13UA3
 8 OPW SELK13UA3-10OCT:2100/1C7/KE REQUIRES TICKET ON OR BEFORE
      11OCT:2100/S3
 9 OPC SELK13UA3-11OCT:2100/1C8/KE CANCELLATION DUE TO NO
      TICKET/S3
```

① 승객이 실제 탑승하는 항공사는 KE와 JL 항공이다.

② GMP-HND 구간 출발 요일은 일요일이다.

③ 발권 시한은 6월 28일까지로 이때까지 발권하지 않으면 여정은 전부 자동취소된다.

④ JL 091편의 좌석 상태는 현재 대기상태이다.

2. 다음 KEYWORD 중 유아와 관련되지 않는 다른 하나는?

① BBML ② BLML

③ INFT ④ BSCT

3. 다음은 SSR 신청을 위한 특별 서비스코드의 종류이다. 해당하는 설명과 알맞은 서비스코드를 고르시오.

> 기내에 동반 탑승하려는 애완동물의 신청을 위한 코드

① BBML ② PETC
③ UMNR ④ DBML

4. 아래의 제시된 항목들 중에 BOOKING CLASS를 선택하는 기준으로 사용되지 않는 것은 어느 것인가?

① 승객의 여행기간 ② 여행 동반인원
③ 승객의 소득수준 ④ 발권시점

5. 아래 Availability에 대한 설명으로 틀린 것을 고르시오.

```
* AVAILABILITY - AN ** SEL SEOUL.KR            255 MO 10MAR 0000
1  KE 002     P6 A6 J9 C9 D9 I9 Z9 /HNL M ICN   1110   1945+1E1/333     13:35
              O9 Y9 B9 M9 H9 E9 K9 Q9 T9 GR X9
2 HA:KE7896  C9 Y9 B9 M9 H9 E9 K9 /HNL Z ICN   1115   1635+1E0/763  TR  10:20
3  HA 449     J0 P4 C0 A0 D0 Y0 W0  HNL Z KIX 1  1405   1815+1E0.332
              X0 Q0 V0 B0 S0 N0 M0 I0 H0 G0 T0 K0 L0 Z0 O0
   KE2728     P9 A9 J9 C9 D9 I9 Z9 /KIX 1 GMP I  1955+1  2145+1E0/744     12:40
              O9 Y9 B9 M9 H9 E9 K9 Q9 T9 GR X9
4  UA 879     F3 A3 J9 C9 D9 Z9 P9 /HNL M NRT 1  1140   1530+1E0/777
              Y9 B9 M9 E9 U9 H9 Q9 V9 W9 S9 T9 L9 G0 N0
   KE:JL5207 J9 C9 D9 I9 X9 Y9 B9 /NRT 1 ICN   1700+1  1925+1E0/73H     12:45
              H9 K9 M9 V9 S9 N9 Q9
```

① 1번 KE 002편을 탑승하는 경우 중간 경유지가 한군데 있다.
② 2번 스케줄로 예약하는 경우 실제 탑승항공사는 KE항공이다.
③ 3번 스케줄을 예약하는 경우 서울에 도착하게 되는 날짜는 3월 11일이다.
④ 4번 스케줄로 예약하게 되면 서울까지 도착하는데 총 12시간 45분이 소요된다.

6. 다음 PNR의 ERROR를 보고 올바르게 설명한 것은?

```
ERROR : E
NEED INF FACT
```

① 유아(INFANT)의 서비스 사항을 입력하라.

② 모든 서비스 사항을 입력하라.

③ 유아(INFANT) 서비스 사항을 삭제하라.

④ 어린이(CHILD) 서비스 사항을 입력하라.

7. 다음 예약코드에 관한 설명 중 틀린 것은?

① 응답코드를 상태코드로 변경하는 자동 ENTRY는 'ETK' 또는 'ERK'이다.

② KK / KL은 OK를 의미하는 응답코드이고, HL / HS는 예약 대기자 코드이다.

③ RR는 Reconfirmed로 예약 재확인까지 마친 상태를 의미한다.

④ DL은 Deleted From Confirming List로써 KL 상태에서 대기자로 되돌려진 상태를 의미한다.

8. 다음 중 특별서비스 요청이 올바른 것은?

① SRVGML : 전 일정에 야채식 신청

② SRBSCT/P1 : 1번 여정승객에 아기바구니 신청

③ SRBBML/S2-3/P3 : 2-3번 여정에만 아기이유식 신청

④ SR FQTV KE-BK1234567 : 대한항공 스카이패스 신청

9. 다음 ENTRY를 설명하시오.

① SM3

② SM4/V

제6장

PNR 작성을 완료하고 조회하기

제1절 PNR 작성완료와 조회방법

제2절 PNR 판독과 확인방법

제 1 절 PNR 작성완료와 조회방법

1 PNR 작성 완료

PNR작업을 예약자가 마치고 나면 Main Computer에 Filing을 하여야 하며, Filing이 되기 이전까지는 작업자의 CRT 작업장에만 작업을 하던 PNR이 나타나지만, Filing을 마치게 되면 CRT를 사용하는 작업자 누구나 해당 PNR을 조회(Display)해 볼 수 있다. 따라서 PNR의 Filing 과정을 "End Of Transaction"이라 불리며, Filing이 성공적으로 이루어지면 해당 PNR의 Filing 위치를 나타내는 "PNR Address(예약번호)"가 주어진다.

1) End Of Transaction(작성완료 EOT)

ET	지시어

```
Entry 화면 1
> RT

RP/SELK1338F/
  1.YANG/JONGIMMS    2.JANG/YANGLAEMS
  3  KE 621 Y 06JUN 6 ICNMNL DK2   0800 1050  06JUN  E  0 773 B
     SEE RTSVC
  4  KE 622 Y 10JUN 3 MNLICN DK2   1220 1715  10JUN  E  0 773 L
     SEE RTSVC
  5 AP 02-111-2222YANG
  6 APM 010-9187-6302
>

> ET

RESERVATION NUMBER BASED ON PHONE:3187-6302
WARNING: KE REQUIRES TICKET ON OR BEFORE 01MAR:1900/S3-4
>

> ET
END OF TRANSACTION COMPLETE - ZNSGWH - KE/3187-6302
```

숫자타입과 알파벳형식의 두 종류의 **PNR**이 생성됨

※ 상기와 같이 End Of Transaction이 성공적으로 수행되면 "PNR Address(예약번호) 3187-6302가 Main Computer에 보관된다. 상기 화면에 나타나있는 PNR은 Main Computer에 보관되고 남은 잔상일 뿐이며, 단말기의 작업장은 다른 예약을 접수할 수 있는 Clear상태이다. 만약 PNR에 Error가 있는 경우는 Error 응답이 나타나고 Address는 주어지지 않는다. 즉 아직 Main Computer에 보관이 되지 않고 단말기의 작업장에 남아 있는 상태이다. 따라서 작업 후 작업자가 작업한 내용의 확인과 현재까지 작업 내용이 올바른가를 확인하기 위해 작업 도중 "RT" 작업상태를 확인하여야 한다.

RT	작업장의 상태 확인

※ PNR은 완성이 되어 PNR Address를 얻기 전까지는 I(Ignore)를 하지 않는 한 계속 작업장에 남아있고 따라서 항공 RT를 통해서 확인할 수 있다.

2) End Of Transaction과 Redisplay의 동시작업

EOT(End Of Transaction) 후에 PNR은 Main Computer에 보관되고, 이는 다시 해당 PNR Address를 이용하여 Display 할 수 있다. 그러나 많은 경우 예약 직원은 PNR을 완성하면서 다시 Display를 하여야 하므로 다음과 같은 지시 형식을 사용

한다. 핸드폰 번호를 APM-으로 입력한 경우는 PNR번호 생성 시 'Based ON Phone'으로 나타난다. 대한항공 및 특정 항공사들은 핸드폰 번호 미입력 시 PNR이 완성이 안 되며 AP로만 입력할 경우에 예약이 가능한 항공사들은 무작위(Random)로 번호가 생성된다.

(1) ER 지시어

ER	EOT 후 Redisplay

EOT 정리

ER	EOT 후 Redisplay
ET	END TRANSACTION : PNR 완성
RT	PNR 정리 및 DISPLAY
RTPP	가장 마지막에 FILE된 PNR 조회

End Of Transaction과 Redisplay의 동시작업 입력화면

```
Entry 화면 1
>

> ER

RESERVATION NUMBER BASED ON PHONE:4187-6302
WARNING: KE REQUIRES TICKET ON OR BEFORE 01MAR:1900/S3-4
>

> ER
--- RLR ---
RP/SELK1338F/SELK1338F            AA/SU   15FEB15/1130Z   ZNSHFY
4187-6302
  1.YANG/JONGIMMS    2.JANG/YANGLAEMS
  3  KE 643 Y 05MAY 2 ICNSIN HK2  1420 1930  05MAY  E  KE/ZNSHFY
  4  KE 644 Y 20MAY 3 SINICN HK2  2235 0555  21MAY  E  KE/ZNSHFY
  5 AP 031-915-6302TOUR LEADERS YANG
  6 APM 010-9187-6302
  7 TK OK15FEB/SELK1338F
  8 OPW SELK1338F-27FEB:1900/1C7/KE REQUIRES TICKET ON OR BEFORE
        01MAR:1900/S3-4
```

숫자타입과 알파벳형식의 두 종류의 PNR이 생성됨

※ 상기 Display는 EOT를 하고 다시 PNR을 Display한 경과와 같은 것으로 Booking Office

및 Data 그리고 PNR Address가 나타나 있다. 예약번호를 변경하고자 하는 경우에는 특정 번호를 부여할 수 있다.

3) End Of Transaction과 특정 예약번호 부여의 동시작업

가. PNR 번호 지정

EOT(End Of Transaction) 시 System이 제시한 예약번호를 사용하지 않고 임의의 번호를 지정하려면 E / Enter시 지정 예약번호를 입력한다. 원래 예약번호는 EOT 작업 시 시스템이 자동적으로 부여한다. 이때 Fone Element의 첫 번째 전화번호와 같거나 유사한 번호가 부여될 수 있으나 해당 PNR 번호가 이미 존재한다면 비슷한 다른 번호를 부여하게 된다. 그러나 예약자가 원하는 특정번호를 지정해서 예약번호를 부여받을 수도 있다.

RSVN / 5432-7654	➔ RSVN/변경하고자 하는 예약번호 입력

변경하고자 하는 번호를 입력하면 다음 화면과 같이 아래에 입력하고자 하는 PNR이 생성된다.

Entry 화면 1

```
> RSVN/5432-7654

--- TST AXR RLR ---
RP/SELK1338F/SELK1338F            AA/SU  15FEB15/1510Z   6WUSH3
5432-7654
  1.YANG/JONGIMMS
  2  KE 644 Y 06JUN 6 SINICN HK1  2235 0555  07JUN  E  KE/6WUSH3
  3  KE 643 Y 02JAN 6 ICNSIN HK1  1420 1955  02JAN  E  KE/6WUSH3
  4 AP 02-111-2222
  5 APM 010-9187-6302
  6 TK OK25NOV/SELK1338F
  7 OPW SELK1338F-27FEB:1900/1C7/KE REQUIRES TICKET ON OR BEFORE
        02MAR:1900/S2-3
  8 OPC SELK1338F-02MAR:1900/1C8/KE CANCELLATION DUE TO NO
        TICKET/S2-3
  9 RME SMS FOR TTL INFO (SENT OK-27NOV14 1143L)/SELKE06PN WSSU
       27NOV1844L
```

아래 PNR에서 E Enter 시 시스템이 제시한 예약번호는 9999-8888로 지정하였으나 이미 같은 번호로 예약이 되어있는 경우에 DUPLICATED(이중)라는 경고 메시지가 뜨면서 비슷한 9999-8889번으로 추천번호가 생성된다.

Entry 화면 1

```
> RSVN/99998888
WARNING-DUPLICATED/RECOMMENDED RESERVATION NUMBER:9999-8889
--- TST AXR RLR ---
RP/SELK1338F/SELK1338F            AA/SU  15FEB15/1510Z   6WUSH3
9999-8889
  1.YANG/JONGIMMS
  2  KE 644 Y 06JUN 6 SINICN HK1  2235 0555  07JUN  E  KE/6WUSH3
  3  KE 643 Y 02JAN 6 ICNSIN HK1  1420 1955  02JAN  E  KE/6WUSH3
  4 AP 02-111-2222
  5 APM 010-9187-6302
  6 TK OK25NOV/SELK1338F
  7 OPW SELK1338F-27FEB:1900/1C7/KE REQUIRES TICKET ON OR BEFORE
        02MAR:1900/S2-3
```

나. 변경하고자 하는 예약번호가 다른 예약번호와 겹칠 경우 사용가능한 번호 조회 방법

① **표준 목록(Standard List) 조회**

LRN / 00002

→ 해당번호 기준으로 사용가능 LIST 10개 조회
LRN(List of Reservation Number)

Entry 화면 1

```
> LRN/00002
 RSVN NBR            STATUS
 0000-0002           IN USE
 1000-0002           IN USE
 2000-0002           IN USE
 3000-0002           IN USE
 4000-0002           IN USE
 5000-0002           AVAILABLE
 6000-0002           AVAILABLE
 7000-0002           IN USE
 8000-0002           IN USE
 9000-0002           AVAILABLE
>
```

② Alternative List 조회

LRN/0000002/A → 해당번호 기준으로 사용가능 LIST 10개 조회

Entry 화면 1

```
> LRN/000002/A

RSVN NBR        STATUS
0000-0157       AVAILABLE
0000-0169       AVAILABLE
0000-0176       AVAILABLE
0000-0179       AVAILABLE
0000-0181       AVAILABLE
0000-0186       AVAILABLE
0000-0187       AVAILABLE
0000-0190       AVAILABLE
0000-0193       AVAILABLE
0000-0194       AVAILABLE
>
```

※ 발권 이후에는 예약번호 변경 불가하며, 예약 변경 지시어 입력 시 에러(Error) 메시지가 표시된다.

Warning : Reservation Number Modification Not allowed After Ticketing

2 Copying PNR(HE COPY)

이미 작업한 PNR Data를 전체 또는 부분적으로 Copy하여 새로운 PNR작업에 활용할 수 있는 편리한 기능이다. Copy 대상은 여정만, 여정과 모든 정보, 승객명과 기타 정보를 Copy할 수 있다.

1) Copying PNR Entry

<table>
<tr><td rowspan="4">**지시어**
Copy 대상 PNR 조회 후

예) RT3JHDOIU
RT: 기본 지시어
3JHDOIU: PNR 번호</td><td>RRI</td><td>Record Replica Itinerary
여정만 Copy</td></tr>
<tr><td>RRN</td><td>Record Replica Itinerary No Name
여정과 모든 여정 Copy(단, 승객만 빼고)</td></tr>
<tr><td>RRA</td><td>Record Replica AXR
여정과 모든 여정 Copy(단, 승객만 빼고)
– Reference 정보 생성(AXR)
– Copy 실행일자, Sign 코드, Office ID, Original PNR</td></tr>
<tr><td>RRP</td><td>Record Replica Passenger
승객명과 기타 정보 Copy</td></tr>
</table>

제 2 절 PNR 판독과 확인방법

1 PNR 조회 확인방법

완성된 예약 기록은 Main Computer에 보관되어 있기 때문에 고객의 사정이 생겨 여정의 변경 · 취소 또는 예약 재확인 등 다양한 이유로 조회해 볼 수가 있다. PNR을 조회하는 방법에는 예약 번호, 승객 이름, 비행편명 등을 이용해 조회 하는 방법이 있다.

1) PNR Address의 이용방법

예약 변경이나 예약 재확인을 원하는 승객이 자신의 예약 기록을 알고 있을 경우

RTZNSIOD
RT2111-2229

→ RT : Retrieve
ZNSIOD : 생성된 PNR

PNR Address 이용 응답 화면

```
Entry 화면 1
> RTZNSIOD

--- AXR RLR ---
RP/SELK1338F/SELK1338F            AA/SU   15FEB15/1143Z    ZNSIOD
2111-2229
  1.JO/SUNGMOMR
  2  KE 907 Y 01OCT 4 ICNLHR HK1  1300 1725  01OCT  E  KE/ZNSIOD
  3  KE 908 Y 20OCT 2 LHRICN HK1  1935 1425  21OCT  E  KE/ZNSIOD
  4 AP 02-111-2222
  5 AP M010-1111-2222
  6 APM 010-9187-6302
  7 TK OK15FEB/SELK1338F
  8 OPW SELK1338F-27FEB:1900/1C7/KE REQUIRES TICKET ON OR BEFORE
        01MAR:1900/S2-3
  9 OPC SELK1338F-01MAR:1900/1C8/KE CANCELLATION DUE TO NO
        TICKET/S2-3
```

2) 승객 성명의 이용

RT/YANG/JONGIM	→ RT : 조회지시어 / : Slash로 구분 승객 이름
↓	조회 후 LIST에서 날짜와 여정 확인 후 해당 번호 선택
RT2	→ RT : 조회지시어 2 : 해당 스케줄 일정 조회

승객의 이름을 모두 안다면 RT 조회기능을 이용하여 승객의 영문 Full Name을 입력하여 조회하면 다음과 같이 조회된다. 명단이 정확하게 일치하고 같은 이름이 없는 경우에는 여정이 바로 조회되지만, 동명이인이 존재하는 경우에는 여러 일정이 조회된다. 해당 일정을 확인하여 선택할 수 있다.

```
Entry 화면 1
>
> RT/YANG/JONGIM

RT/YANG/JONGIM
  1 YANG/JONGIMMS          KE  643  Y  05MAY  ICNSIN   2 ZNSHFY
  2 YANG/JONGIMMS          KE  621  Y  06JUN  ICNMNL   2 ZNSGWH
  3 YANG/JONGIMMS          NO ACTIVE ITINERARY           6WUSH3
  4 YANG/JONGIMMS          NO ACTIVE ITINERARY           7KDR9T
  5 YANG/JONGIMMS          NO ACTIVE ITINERARY           7KDUJX
  6 YANG/JONGIMMS          NO ACTIVE ITINERARY           ZLZ6DY
  7 YANG/JONGIMMS          NO ACTIVE ITINERARY           ZNSFLM
>

> RT2

--- RLR ---
RP/SELK1338F/SELK1338F          AA/SU  15FEB15/1125Z   ZNSGWH
3187-6302
  1.YANG/JONGIMMS   2.JANG/YANGLAEMS
  3  KE 621 Y 06JUN 6 ICNMNL HK2  0800 1050  06JUN  E  KE/ZNSGWH
  4  KE 622 Y 10JUN 3 MNLICN HK2  1220 1715  10JUN  E  KE/ZNSGWH
  5 AP 02-111-2222YANG
  6 APM 010-9187-6302
```

3) 승객의 일부 이름만 아는 경우

RT/JANG/Y

↓

RT1

```
Entry 화면 1
RT/JANG/Y

RT/JANG/Y
  1 JANG/YANGLAEMS         KE  643  Y  05MAY  ICNSIN   2 ZNSHFY
  2 JANG/YANGLAEMS         KE  621  Y  06JUN  ICNMNL   2 ZNSGWH
  3 JANG/YANGLAEMS         NO ACTIVE ITINERARY           ZLZ6DY
>

> RT1

--- RLR ---
RP/SELK1338F/SELK1338F          AA/SU  15FEB15/1130Z   ZNSHFY
4187-6302
  1.YANG/JONGIMMS   2.JANG/YANGLAEMS
  3  KE 643 Y 05MAY 2 ICNSIN HK2  1420 1930  05MAY  E  KE/ZNSHFY
  4  KE 644 Y 20MAY 3 SINICN HK2  2235 0555  21MAY  E  KE/ZNSHFY
  5 AP 031-915-6302TOUR LEADERS YANG
  6 APM 010-9187-6302
  7 TK OK15FEB/SELK1338F
```

4) 출발일 및 승객 성명 이용

RT/5MAY-YANG　　RT : 기본지시어/출발일-승객의 성(family name)

Entry 화면 1

```
> RT/5MAY-YANG

--- RLR ---
RP/SELK1338F/SELK1338F           AA/SU  23FEB15/0809Z   ZNSHFY
4187-6302
  1.YANG/JONGIMMS    2.JANG/YANGLAEMS
  3  KE 643 Y 05MAY 2 ICNSIN HK2  1420 1930  05MAY  E  KE/ZNSHFY
  4  KE 644 Y 20MAY 3 SINICN HK2  2235 0555  21MAY  E  KE/ZNSHFY
  5 AP 031-915-6302TOUR LEADERS YANG
  6 APM 010-9187-6302
  7 TK OK15FEB/SELK1338F
  8 OPW SELK1338F-06MAR:1900/1C7/KE REQUIRES TICKET ON OR BEFORE
```

5) 편명, 출발일 및 승객 성명 이용

RTKE621/06JUN-JANG　　RT : 기본지시어/출발편명/출발일-승객의 성(family name)

Entry 화면 1

```
> RTKE621/06JUN-JANG
--- RLR ---
RP/SELK1338F/SELK1338F           AA/SU  15FEB15/1125Z   ZNSGWH
3187-6302
  1.YANG/JONGIMMS    2.JANG/YANGLAEMS
  3  KE 621 Y 06JUN 6 ICNMNL HK2  0800 1050  06JUN  E  KE/ZNSGWH
  4  KE 622 Y 10JUN 3 MNLICN HK2  1220 1715  10JUN  E  KE/ZNSGWH
  5 AP 02-111-2222YANG
  6 APM 010-9187-6302
  7 TK OK15FEB/SELK1338F
  8 OPW SELK1338F-27FEB:1900/1C7/KE REQUIRES TICKET ON OR BEFORE
        01MAR:1900/S3-4
  9 OPC SELK1338F-01MAR:1900/1C8/KE CANCELLATION DUE TO NO
        TICKET/S3-4
```

6) PNR 지시어

지시어	설명
RTZNSGWH, 혹은 RT1234-5678	PNR번호 이용
RT/HONG/GILDONG	승객번호 이용
RT/HONG/G	승객성명 일부 이용
RT/01MAY-HONG	출발일과 승객성명 이용
RTKE621-HONG/GILDONG	비행편과 승객이름을 이용
RTKE621/01MAY-HONG	비행편, 출발일, 승객이름을 이용
RT1	조회하고자하는 1번 고객 목록번호 조회하기
RT0	유사명단으로 되돌아가기
RL	해당항공사 PNR번호조회
RTPP	가장 마지막에 File된 PNR 재조회

7) 부분 조회(Partial PNR Display) 지시어

SellConnect 단말에서 PNR 조회 후, 업무 성격에 맞게 각 Element별 부분조회가 가능하다.

RTA(항공 Segments 조회)

```
Entry 화면 1
> RTA

RP/SELK1338F/SELK1338F            AA/SU  16FEB15/1925Z   ZPB5CC
9187-6303
  2  KE 907 Y 20JAN 3 ICNLHR HK1  1300 1630  20JAN  E  KE/ZPB5CC
  3  BA 314 Y 23JAN 6 LHRCDG HK1  1255 1510  23JAN  E  BA/NOSYNC
  4  ARNK
  5  KL1598 Y 30JAN 6 FCOAMS HK1  1000 1235  30JAN  E  KL/ZPB5CC
  6  KL1227 Y 02FEB 2 AMSCDG HK1  0730 0850  02FEB  E  KL/ZPB5CC
  7  KE 902 Y 02FEB 2 CDGICN HK1  2100 1555  03FEB  E  KE/ZPB5CC
```

RTG(General Facts 조회 : SR, SK, OS)

```
Entry 화면 1
> RTG

RP/SELK1338F/SELK1338F          AA/SU  16FEB15/1925Z   ZPB5CC
9187-6303
 11 SSR ADTK 1A TO KL BY 26JAN/2200Z OTHERWISE WILL BE XXLD
 12 SSR VGML KE HK1/S2
 13 SSR VGML KE HK1/S7
 14 SSR VGML BA NO1 MEAL TYPE NOT AVAILABLE FOR THIS FLIGHT/S3
 15 SSR VGML KL NO1 NO SERVICE ON THIS FLIGHT/S5
 16 SSR VGML KL NO1 NO SERVICE ON THIS FLIGHT/S6
>
```

RTI(여정 관련 Segments 조회)

```
Entry 화면 1
> RTI

RP/SELK1338F/SELK1338F          AA/SU  16FEB15/1925Z   ZPB5CC
9187-6303
  2  KE 907 Y 20JAN 3 ICNLHR HK1  1300 1630  20JAN  E  KE/ZPB5CC
  3  BA 314 Y 23JAN 6 LHRCDG HK1  1255 1510  23JAN  E  BA/NOSYNC
  4  ARNK
  5  KL1598 Y 30JAN 6 FCOAMS HK1  1000 1235  30JAN  E  KL/ZPB5CC
  6  KL1227 Y 02FEB 2 AMSCDG HK1  0730 0850  02FEB  E  KL/ZPB5CC
  7  KE 902 Y 02FEB 2 CDGICN HK1  2100 1555  03FEB  E  KE/ZPB5CC
>
```

RTJ(전화번호 조회) AB, AM, AQ, APE 등

```
Entry 화면 1
> RTJ

RP/SELK1338F/SELK1338F          AA/SU  16FEB15/1925Z   ZPB5CC
9187-6303
  8 AP 02-111-2222YANG
  9 AP EWANGHAPPY1@NAVER.COM
 10 AP B031-3333-4444
 11 APM 010-9187-6302
```

RTK(Ticketing Elements 조회)

Entry 화면 1

```
> RTK

RP/SELK1338F/SELK1338F          AA/SU   16FEB15/1925Z    ZPB5CC
9187-6303
 12 TK OK16FEB/SELK1338F
>
```

RTW(승객이름 포함 PNR의 모든 Data 조회)

Entry 화면 1

```
> RTW

--- RLR ---
RP/SELK1338F/SELK1338F          AA/SU   16FEB15/1925Z    ZPB5CC
9187-6303
  1.YANG/JONGIMMS
  2  KE 907 Y 20JAN 3 ICNLHR HK1  1300 1630  20JAN  E  KE/ZPB5CC
  3  BA 314 Y 23JAN 6 LHRCDG HK1  1255 1510  23JAN  E  BA/NOSYNC
  4  ARNK
  5  KL1598 Y 30JAN 6 FCOAMS HK1  1000 1235  30JAN  E  KL/ZPB5CC
  6  KL1227 Y 02FEB 2 AMSCDG HK1  0730 0850  02FEB  E  KL/ZPB5CC
  7  KE 902 Y 02FEB 2 CDGICN HK1  2100 1555  03FEB  E  KE/ZPB5CC
  8 AP 02-111-2222YANG
  9 AP EWANGHAPPY1@NAVER.COM
 10 AP B031-3333-4444
 11 APM 010-9187-6302
 12 TK OK16FEB/SELK1338F
 13 SSR ADTK 1A TO KL BY 26JAN/2200Z OTHERWISE WILL BE XXLD
 14 SSR VGML KE HK1/S2
 15 SSR VGML KE HK1/S7
 16 SSR VGML BA NO1 MEAL TYPE NOT AVAILABLE FOR THIS FLIGHT/S3
 17 SSR VGML KL NO1 NO SERVICE ON THIS FLIGHT/S5
 18 SSR VGML KL NO1 NO SERVICE ON THIS FLIGHT/S6
 19 OPW SELK1338F-02MAR:1900/1C7/KE REQUIRES TICKET ON OR BEFORE
        03MAR:1900/S2,7
```

부분조회 요소별(Element) Code 결합하여 조회할 수 있으며, (,) Comma로 연결할 수 있다. 다음은 PNR 부분 조회 Element Codes 전체 List이다.

Code	Element
A	Air Segments
B	Invoice and Itinerary Remarks
C	Car Segments
E	Extended Ownership Agreements
F	Fare Elements(FP, FV, FM, FT, FE, FA, FB, FHE)
G	General Facts(SR, SK, OS)
H	Hotel Segments
I	Itinerary Segments
J	Phone Elements(AB, AM, AQ, AP, AP*)
K	Ticketing Elements
M	MCO and XSB(Excess Baggage) Elements
N	Name Elements
NR	Names as originally entered in PNR
O	Option Elements(OP, OPQ, OPX)
P	Passenger INFO(All except Name, Itinerary and Option)
R	All Remarks(RM, RC, RX)
R*	Category Remarks('*' : Any letter from A to Z)
RRX	Corporate Remarks
S	Keyword Elements
T	Tour Segments
TN	Active Ticket Numbers(FA and FH)
TN/H	Active and Historical Ticket Numbers(FA, FH and History for FA/FH)
W	Individual Names in Group PNR with Full PNR Data
X	Auxiliary Segments(Air Taxi, Car, Hotel, Tour, Memo)
Y	Accounting Information
Z	Rail Segments

2 PNR 판독하기

Entry 화면 1

```
>

--- RLR --- ①
RP/SELK1338F/SELK1338F          AA/SU  15FEB15/1130Z   ZNSHFY ②
  1.YANG/JONGIMMS ③
  2  KE 651 E 15DEC 7 ICNBKK HK1          1715 2105   773 E 0 D
       7/ DUTY FREE SALES                                        ④
  3  KE 652 E 20DEC 5 BKKICN HK1          2245 0550+1 773 E 0 B
     ** *** BKK APO KE CHK-IN COUNTER NBR - ** 6J K L M OF 6TH RO
       7/ DUTY FREE SALES
  4 AP 02-111-1111 ⑤
  5 AP M010-9187-6302YANG
  6 TK OK28MAY/SELK13UA3 ⑥
  7 FE PAX NONENDS. RISS CHRG APPLY-KRW40000. RFND PNTY ⑦
       APPLY-KRW50000. NO MILE UPGD./S2-3
  8 FV PAX KE/S2-3
```

① RLR : Record Locator Return

PNR Header

② Booking Office ID/ Date / PNR Address

③ Name Element

④ Itinerary Element

⑤ Contact Element

⑥ Ticketing Time Limit field

TKTL 10NOV/1700 : TL시간 지정

TKXL : TL이 지나면 SEG는 취소됨, 발권 이후는 TKOK로 변경됨

TKOK : 즉시 발권할 PNR인 경우 표시된다.

⑦ 항공권의 판매 조건(항공권 양도, 환불 조건, 마일리지 조건 등)

KE항공의 경우 Queue Option Indicators를 사용하는 항공사이므로 예약 완료 후 OPW, OPC 항목이 보인다. 항공사마다 사용여부는 상이하므로 예약 후 OPW, OPC 조회 여부

를 확인한다.

OPW : Optional Warning Element

OPC : Optional Cancellation Element

3 예약기록 읽는 방법

1) PNR History 정의

PNR 작성완료 후 변경된 내용과 이미 여행을 완료한 여정을 보관·기록하고 있는 부분을 말한다. 1회의 Transaction에서 행해진 변경 내역과 변경을 한 날짜 및 직원의 업무 코드가 한 단위로 기록되어 있으며, 변경 내역별로 각각의 코드를 정하여 구분하기 쉽게 기록되어 있으며, PNR의 각 Element별 추가 사항이나 변경 Action은 변경 내역부분에 남지만, General / Airport Facts 및 RMKS란의 변경은 기록되지 않는다(단, APFX 중 ASP 관련사항은 예외라 할 수 있다).

2) PNR History 읽는 방법

(1) PNR History Code

ON(Original Name)	최초 입력 이름
OS(Original Segment)	최초 입력 SEG
OR(Original SSR)	최초 입력 SSR 사항
RF(Received From)	예약 및 수정 요청자
SA(Added SSR)	추가된 SSR 사항
XS(Cancelled Segment)	취소된 SEG
AS(Added Segment)	추가된 SEG
SP(Split Party)	PNR이 Split됨

(2) PNR History의 예

PNR History를 확인 시 반드시 확인하고자 하는 PNR을 화면상에 나타내어야 한다. 그 후 'RH'라는 지시어를 이용하여 해당 PNR의 History를 확인할 수 있다.

RH	Queue History를 제외한 전체 History(예약 기록 내역)

Entry 화면 1

```
    RH
①  RP/SELK1338F/SELK1338F              AA/SU   15FEB15/1806Z    ZMQ75A
②  000/001 XT/TKOK 15FEB/SELK1338F
    000/001 SX/SSR CHLDKEHK1 01FEB10/HONG/SOAHMISS(CHD/01FEB10)
③  000/001 SX/SSR CHMLKEHN1/KE 603 Y 20SEP ICNHKG/HONG/SOAHMISS(
            CHD/01FEB10)
    000/001 SX/SSR CHMLKEHN1/KE 602 Y 30SEP HKGICN/HONG/SOAHMISS(
            CHD/01FEB10)
④  000/001 XO/OPW-27FEB:1900/1C7/KE REQUIRES TICKET ON OR BEFORE
            02MAR:1900/KE 603 Y 20SEP ICNHKG/KE 602 Y 30SEP HKGICN
    000/001 XO/OPC-02MAR:1900/1C8/KE CANCELLATION DUE TO NO TICKET/
            KE 603 Y 20SEP ICNHKG/KE 602 Y 30SEP HKGICN
        001 AT/TKOK 16FEB/SELK1338F
        001 SA/SSR CHLDKEHK1 01FEB10/HONG/SOAHMISS(CHD/01FEB10)
        001 SA/SSR CHMLKEHN1/KE 657 Y 20SEP ICNBKK/HONG/SOAHMISS(
            CHD/01FEB10)
        001 SA/SSR CHMLKEHN1/KE 652 Y 30SEP BKKICN/HONG/SOAHMISS(
            CHD/01FEB10)
        001 AO/OPW-27FEB:1900/1C7/KE REQUIRES TICKET ON OR BEFORE
            02MAR:1900/KE 657 Y 20SEP ICNBKK/KE 652 Y 30SEP BKKICN
        001 AO/OPC-02MAR:1900/1C8/KE CANCELLATION DUE TO NO TICKET/
            KE 657 Y 20SEP ICNBKK/KE 652 Y 30SEP BKKICN
⑤      001 RF-  CR-SELK1338F 00000000 SU 5006AA/DS-9CB9C895 15FEB18
```

최초 PNR 작성 시의 작업내용, 작성 후 이루어진 모든 변경내역, 이미 탑승을 완료한 여정을 보관 기록하고 있으며, 단계 번호로 000, 001, 002 등으로 구분하여 기록되어 있다.

① PNR의 앞부분 – 예약・발권 Office 주소와 예약일, PNR에 해당

② 000 : 최초 PNR 생성 시 작업내용
(이름, 여정 OSI/SSR Element, Option Element, RCVD From, Communication Reference만 000에 기록됨)

- 001 : PNR완성 후 최초 변경 작업 내용
- 000/002 : 변경내용이 수정이나 삭제일 경우 최초 기록 생성 시의 입력된 순서000/수정, 삭제 시 순서는 002로 표시됨
- 변경 내역 별로 History Code(예 : XS, AS)를 정하여 구분하기 쉽게 기록되어 있음.

③ 최초 PNR 생성 시 SSR 사항으로 입력된 Child 생년월일

④ OPW : Original Option Element-최초 예약 시 생성된 Option Element

27FEB : 1900/1C7 : TL관리를 위해 Local Time기준 2월 27일 1900시에 Queue 1 Catagory 7로 Queuing

⑤ 최초 End of Transaction 시 입력된 내용

RF : Received From Indicator

CR : Communication Reference Indicator

SELK1338F : 예약 작성 Office ID

0000000 : 대리점의 IATA Code

9CB9C895 : Terminal Identifier

(3) PNR History의 조회 지시어(Entry)

지시어	기능
RH	Queue History를 제외한 전체 History
RHQ	Queue History
RH/ALL	RH+RHQ
RHI	Itinerary Segments
RHJ	Phone Elements
RHN	Name Elements
RHS*	* : Segment Number(Active Segment만 조회가능)

연습문제

1. 다음 PNR 조회 ENTRY에 대한 설명으로 틀린 것은?

① 비행편과 성명을 이용한 좌석 확약 승객조회 :
〉RTKE002 / 1DEC-KIM / TOPAS

② 출발일 및 승객성명 : 〉RT/10DEC-HWANG

③ 승객이름으로 조회 : 〉RTKIM/YOUNGKWANG

④ PNR Address로 조회 : 〉RT1234-5678

2. 다음 PNR HISTORY에서 -KE823편 10월 20일 출발, Q-CLASS-가 좌석상태가 대기자에서 CLEAR(확약, CONFIRM)된 날짜는?

==== 다음 ====

```
SC KE 823 Q SA 20OCT ICNAKL HL / KL2 1920 1040 CAB Y
X3 SSRADTK1P TO KE BY WAS1955 / 24AUG OTHERWISE WILL BE XLD
A3 SSRADTK1P TO KE BY WAS1955 / 27AUG OTHERWISE WILL BE XLD
KL ACT 0625Z / 20AUG
SC KE 94 Q MO 8OCT07IADICN HK / UN2 1330 1655 CAB Y
AS KE 94 Q MO 8OCT07IADICN HK2 1330 1645 CAB Y
KM.REAC 0456Z / 21AUG
```

① 8월 20일 ② 10월 8일

③ 8월 21일 ④ 10월 20일

3. PNR 번호 123-4567을 444-5555로 변경하는 ENTRY를 적으시오.

4. PNR 상단에 있는 TAG 문구를 설명하시오.

1) RLR

2) NHP

5. 다음 조회된 예약 기록에서 OZ항공예약번호(PNR ADDRESS)를 쓰시오.

```
 --AXR RLR MSC SFP ---
RP/SELK13229/SELK13229            AA/SU  27OCT14/0107Z   42XLPL
6236-3698
  1.KIM/TAEYEONMS
  2  OZ 169 N 28OCT 2*LAXNRT HK1  1235 1630  29OCT  E  OZ/GODMGE
  3  AA8428 N 29OCT 3*NRTICN HK1  1835 2130  29OCT  E  AA/TXAMBP
     OPERATED BY JAPAN AIRLINES
  4 AP S8F 070-7506-7646 DRAGON-FLY TOUR KIM/GYERI-A
  5 APM QHA 010-6236-3695
  6 APM QHP 010-9880-5069 CHOI/HYELIM MS
  7 APM 010-9088-7254-MOM
  8 TK OK27OCT/SELK13229//ETAA
  9 SSR DOCS AA HK1 P/KR/M30372386/KR/02AUG93/F/17DEC23/KIM/TAEY
```

6. 다음의 조건으로 PNR을 완성하시오.

승객 : 1. 본인 2. 노홍철 3. 유재석(소아)
여정 : 1. 1DEC 서울–싱가포르 KE 이용, Y–CLASS
2. 10DEC 홍콩–서울 KE이용, Y–CLASS

7. 다음의 조건대로 PNR을 작성하여 PNR ADDRESS(= 예약번호)를 적으시오.

조건) 성 명 : 1. 본인 2. 고소영
여정 : 1. 11월 1일 서울 – 싱가포르, KE 이용
2. 12월 1일 싱가포르 – 서울, KE 이용(예약만 미확정, 오픈예약)

제7장

단체예약하기

제1절 단체예약

제 1 절 단체예약[1]

1 단체예약의 정의

1) 단체예약의 정의와 형태

단체예약이란 성인 10명 이상의 구성원이 두 구간의 동일구간(왕복)을 동일편을 이용하여 여행하거나 그룹요금을 적용받아 여행하는 경우를 말하며, 그룹 요청 시 반드시 단체명(Group Name), 총 인원 수(TCP) 및 적용운임(Fare INFO)을 입력해야 하고, 미입력 시 PNR 작성이 불가하다. Group Name의 변경은 불가하며, Group 구성원 명단의 변경 허용범위 및 Dead Line은 별도로 규정하고, 특정 Group을 위하여 요청한 좌석이 확보되지 않을 경우 필요한 좌석을 개인여객으로 분산하여 좌석을 확보하는 것은 금지되어 있다.

또한 예약된 Group 좌석은 다른 Group으로 대체할 수 없으며, 개인으로 Divide 하여 예약할 수 없다. 또한 어린이 경우에는 2명을 성인 1명으로 인정을 해준다.

특히 단체예약은 개별여행과 다른 점은 실제 모객이 없는 상태에서 좌석을 확보해 놓기 위해 미리 좌석을 예약하고 나중에 고객을 모객하는 형태가 있고 승객

1) 이선희 · 손병모(2006). 최신 항공예약발권실무론, 대왕사, pp. 164~169.

이 모객된 상태에서 좌석을 확보하는 형태 2가지로 나누어진다.

2) 단체예약의 특성

① 단체예약은 CRS를 통해 예약이 가능한 항공사도 있지만 항공사로 별도 요청하여 예약이 가능한 항공사도 있으므로 항공사의 상황에 맞추어 단체예약을 한다.

- ICN-KE-PAR-KE-ICN : TOPAS에서 단체예약 가능
- ICN-KE-PAR-AF-LON-KE-SEL : TOPAS에서 단체예약 가능
- ICN-CX-HKG-CX-PAR-AF-LON-CX-HKG-CX-ICN : 항공사 CX로 직접 요청

② 단체예약은 PNR을 작성한 뒤 항공사로 PNR을 Queue를 통해 전송하여 일단 PNR Request를 한 뒤, 차후 항공사로부터 좌석 확약의 여부를 전송받아야 한다.

③ 단체 PNR 작성 시에 필수 구성요소는 단체 이름명, 여정, 전화번호, RF, TKT TL, Group Fare Basis(GRPF)으로 반드시 입력을 하여야 하는 사항이다.

2 단체 여정의 작성

1) 단체명 입력이나 이름 입력 작성하기

NG20AJUMMA TOUR	성명은 단체명을 사용해 입력함

※ NG : Name Group(기본지시어)
20 : 실제 이름이 없는 총인원 수
Ajumma : 단체명(임의로 정하여 입력한다.)

```
Entry 화면 1
> NG20AJUMMA TOUR

RP/SELK1338F/
0.  20AJUMMA TOUR   NM: 0
>
```

실 명단이 입력된 것이 아니므로 0번으로 표시된다.

0. 번으로 순번이 표시되었으며, NM: 0은 실제 이름이 입력된 숫자로 현재 예약자 이름이 아무도 없다는 뜻이다.

2) 여정의 작성

(1) Short Sell Entry(비행 예약가능편 이용)

AN20OCTICNTPE/AKE	AN(availability) 기본지시어를 이용하여 여정확인
↓	
SS20G1/SG 혹은 SS20G1도 가능	SS(Segment Sell) 20(인원 수) G(Group Booking Class)

(2) Long Sell Entry(비행편명 이용)

SSKE691G20OCTICNTPESG20	SG(Sell Group)

※ SS: Segment Sell　　KE691: KE 비행기 번호　　G: Group Booking Class
20OCT: 출발날짜　　ICNTPE: 출발도시, 도착도시

```
Entry 화면 1
> SSKE691G20OCTSELTPESG20

RP/SELK1338F/
0. 20AJUMMA TOUR   NM: 0
  1  KE 691 G 20OCT 2 ICNTPE HN20 1035 1205   20OCT  E  0 333 M
     SEE RTSVC
>
```

SG Code를 입력하지 않아도 예약은 가능하나 항공사로의 Data 전송이 원활하도록 단체 PNR의 경우 반드시 'SG' Code를 입력한다.

3) 전화번호의 작성(AP 입력)

개인 예약과 같이 동일한 방법으로 작성하며, 항공사 측에서 돌아오는 편 예약에 대한 재확인을 할 수 있도록 반드시 현지연락처 LCTC(Local Contact Phone)을 입력한다(미 기입의 경우 예약 취소되는 경우도 있다).

(1) 여행사 전화번호 입력

AP02-999-8888 AMADEUS TOUR 혹은 APA02-123-4567 AMADEUS TOUR	여행사 전화번호 입력
APM-010-9187-6302 LEE/ANNAE	고객 연락처나 가이드 전화번호 입력

```
Entry 화면 1
> APM-010-9187-6302 LEE/ANNAE

RP/SELK1338F/
0. 20AJUMMA TOUR  NM: 0
  1  KE 691 G 20OCT 2 ICNTPE HN20 1035 1205  20OCT  E  0 333 M
     SEE RTSVC
  2  KE 694 G 25OCT 7 TPEICN HN20 1915 2245  25OCT  E  0 73H M
     SEE RTSVC
  3 AP 02-999-8888 AMADEUS TOUR
  4 APM 010-9187-6302 LEE/ANNAE
  5 SSR GRPF KE YGV10 SELTPESEL KRW300000
```

(2) 현지 전화번호 입력

APLCTC TYO HYATT HOTEL 123-345-6789	현지 연락처(FREE TEXT)

4) Group Fare 입력

단체예약에서 꼭 넣어야 할 사항으로 입력 내용은 단체명, 단체 구성원의 총 인원(TCP) 기입, 단체 할인 요금의 요금기준(Fare Basis)이다.

SR GRPF KE-YGV10 <u>SELTPESEL KRW300000</u>

밑줄부분은 반드시 입력할 필요는 없는 선택사항임

※ SR: 기본지시어　　GRPF: 그룹 요금 키워드　　GV10: 그룹 최소인원

```
Entry 화면 1
> SRGRPF KE-YGV10 SELTPESEL KRW300000
RP/SELK1338F/
0. 20AJUMMA TOUR   NM: 0
  1  KE 691 G 20OCT 2 ICNTPE HN20 1035 1205   20OCT  E  0 333 M
     SEE RTSVC
  2  KE 694 G 25OCT 7 TPEICN HN20 1915 2245   25OCT  E  0 73H M
     SEE RTSVC
  3 SSR GRPF KE YGV10 SELTPESEL KRW300000
>
```

5) TK 입력

TKTL12SEP

```
Entry 화면 1
> TKTL12SEP
RP/SELK1338F/
0. 20AJUMMA TOUR   NM: 0
  1  KE 691 G 20OCT 2 ICNTPE HN20 1035 1205   20OCT  E  0 333 M
     SEE RTSVC
  2  KE 694 G 25OCT 7 TPEICN HN20 1915 2245   25OCT  E  0 73H M
     SEE RTSVC
  3 AP 02-999-8888 AMADEUS TOUR
  4 APM 010-9187-6302 LEE/ANNAE
  5 TK TL12SEP/SELK1338F
  6 SSR GRPF KE YGV10 SELTPESEL KRW300000
>
```

6) RF 입력

RFPAX	RF : Received From Pax : Passenger

승객으로부터 요청을 받음을 표시함. 입력하지 않아도 PNR은 생성됨

Entry 화면 1

```
> RFPAX

RP/SELK1338F/
RF PAX
0. 20AJUMMA TOUR  NM: 0
  1  KE 691 G 20OCT 2 ICNTPE HN20 1035 1205  20OCT  E  0 333 M
     SEE RTSVC
  2  KE 694 G 25OCT 7 TPEICN HN20 1915 2245  25OCT  E  0 73H M
     SEE RTSVC
  3 AP 02-999-8888 AMADEUS TOUR
  4 APM 010-9187-6302 LEE/ANNAE
  5 TK TL12SEP/SELK1338F
  6 SSR GRPF KE YGV10 SELTPESEL KRW300000
```

7) 입력 내용 저장(ER 입력)

ER

ER

2번 ER하고 저장하면 Group PNR이 완성됨

Entry 화면 1

```
> ER

--- RLR ---
RP/SELK1338F/SELK1338F          AA/SU  16FEB15/1412Z   ZOWMVX
8187-6302
0. 20AJUMMA TOUR  NM: 0
  1  KE 691 G 20OCT 2 ICNTPE HN20 1035 1205  20OCT  E  KE/ZOWMVX
  2  KE 692 G 25OCT 7 TPEICN HN20 1210 1535  25OCT  E  KE/ZOWMVX
  3 AP 02-111-2222AMADEUS TOUR
  4 APM 010-9187-6302 LEE/ANNAE
  5 TK OK16FEB/SELK1338F
  6 SSR GRPF KE YGV10 ICNTPEICN KRW 300000
```

3 완성된 PNR에 실제 승객명 입력 및 취소

1) 이름 입력

RT1234-1004 혹은 RT6VCBES	실제 PNR을 불러옴
NM1HONG/GILDONGMR	한 명씩 승객 이름을 입력하는 경우
NM1KIM/TESTMR1HONG/GILDONGMR1HONG/GILSOONMS	승객이름을 동시에 입력하는 경우

Entry 화면 1

```
> NM1KIM/TESTMR1HONG/GILDONGMR1HONG/GILSOONMS

--- RLR ---
RP/SELK1338F/SELK1338F            AA/SU  16FEB15/0058Z   ZOCPNP
6187-6302
0. 17AJUMMA TOUR  NM: 3
  4  KE 691 G 20OCT 2 ICNTPE HN20 1035 1205  20OCT  E  KE/ZOCPNP
  5  KE 694 G 25OCT 7 TPEICN HN20 1915 2245  25OCT  E  KE/ZOCPNP
  6 AP 02-999-8888 AMADEUS TOUR
  7 APM 010-9187-6302 LEE/ANNAE
  8 TK TL12SEP/SELK1338F
  9 SSR GRPF KE YGV10 SELTPESEL KRW300000
```

17AJUMMA TOUR에서 승객 3명을 입력하면, 단체명의 숫자가 기존 20명에서 17명으로 변경된 것을 확인할 수 있다.

2) 입력된 실명단 이름 확인

RTN	입력된 실명단 이름 확인 Entry

Entry 화면 1

```
> RTN

RP/SELK1338F/SELK1338F              AA/SU  16FEB15/1412Z   ZOWMVX
8187-6302
0. 19AJUMMA TOUR   NM: 1
BKD:20             CNL: 0                    SPL: 0
  1.HONG/GILDONGMR
```

- PNR작업 후에는 항상 ER하여 저장한다.
- BKD: 예약인원이 20명이며, CNL은 취소인원이 0명이며, SPL: Split 인원은 0명이다.

3) Group 감원(실명단에서 삭제)

No Name에서 감원

XE0.2	XE : 취소 기본지시어 . : 구분코드	0 : No Name Field 2 : 감원하고자 하는 인원 수

Entry 화면 1

```
6187-6302
0. 20AJUMMA TOUR   NM: 0
  1  KE 691 G 20OCT 2 ICNTPE HN20 1035 1205  20OCT  E  KE/ZOCPNP
  2  KE 694 G 25OCT 7 TPEICN HN20 1915 2245  25OCT  E  KE/ZOCPNP
  3 AP 02-999-8888 AMADEUS TOUR
  4 APM 010-9187-6302 LEE/ANNAE
  5 TK TL12SEP/SELK1338F
  6 SSR GRPF KE YGV10 SELTPESEL KRW300000
>

> XE0.2

--- RLR ---
RP/SELK1338F/SELK1338F              AA/SU  16FEB15/0058Z   ZOCPNP
6187-6302
0. 18AJUMMA TOUR   NM: 0
  1  KE 691 G 20OCT 2 ICNTPE HN18 1035 1205  20OCT  E  KE/ZOCPNP
  2  KE 694 G 25OCT 7 TPEICN HN18 1915 2245  25OCT  E  KE/ZOCPNP
  3 AP 02-999-8888 AMADEUS TOUR
  4 APM 010-9187-6302 LEE/ANNAE
  5 TK TL12SEP/SELK1338F
  6 SSR GRPF KE YGV10 SELTPESEL KRW300000
```

- 명단에 입력이 되지 않은 상태에서 인원이 줄어들어 좌석을 줄여야 하는 경우에 유용하게 사용할 수 있다. 여정 취소 후 다시 예약을 잡을 필요 없이 감원하고자 하는 인원 수만큼 줄일 수 있다.

Group PNR 항목별 확인하기

Code	Entry	기능
N	RTN	최종 Name Element 확인
W	RTW	실명단과 전체 PNR 확인
A	RTA	Air Segment 확인
F	RTF	Fare Element 확인
G	RTG	General Fact 확인
I	RTI	Itinerary Segment 확인
J	RTJ	Phone Element 확인
K	RTK	Ticketing Element 확인
NR	RTNR	Name Change 이전 명단 확인
0	RTO	Optional Element 확인

연습문제

1. 다음 조건에 따라 GROUP PNR을 완성하여 PNR NBR을 쓰시오.
(총인원 중 본인 이름을 포함해서 3명의 이름을 임의로 입력)

BOOKING CLASS 준수
총 원 : 15명
단체명 : TOPAS TOUR
여 정 : 6월 1일 서울 - 홍콩 KE
6월 5일 홍콩 - 서울 KE
단체 적용 FARE BASIS : GV10
전화번호 : 토파스여행사 : 02-123-5000
인솔자연락처 : 010-9187-6302
현지전화번호 : HKG HYATT HTL 123-456-6000

2. 다음 조건에 따라 GROUP PNR을 완성하여 PNR NBR를 쓰시오.
(총인원 중 본인 이름을 포함해서 5명의 이름을 임의로 입력하고 2명이 취소함)

BOOKING CLASS 준수
총 원 : 20명
단체명 : ANGEL TOUR
여 정 : Direct Segment Entry 방식으로 대한항공 비행기 편명을 찾아서 직접 입력
7월 9일 인천-시드니 출발
8월 5일 오클랜드 - 인천
단체 적용 FARE BASIS : GV10
전화번호 : 하나여행사 : 02-223-2004 MS HONG
인솔자연락처 : 010-1004-10032862 GUIDE
현지전화번호 : SYD HOLIDAY INN HTL 123-456-6000

3. 다음 조건에 따라 GROUP PNR을 완성하여 PNR NBR을 쓰시오.

BOOKING CLASS 준수
총 원 : 18명
단체명 : HAPPY TOUR
여 정 : 5월 16일 인천-자카르타 출발
5월 25일 싱가포르 - 인천
단체 적용 FARE BASIS : GV10
전화번호 : 참조은 여행사 : 02-223-2004 MS PARK
지정하지 않은 PNR 구성 요소는 임의입력
PNR 저장 후 실제 명단 3명 입력(본인 성명 + 김탄 + 김고은)

제8장

항공사의 가입 Level과 처리 방식 이해하기

제1절 Direct Access, Sell, Locator Return

제 1 절 Direct Access, Sell, Locator Return[1)]

1 Direct Access

① TOPAS SellConnect와 항공사의 가입 Level, 작업 처리 방식에 대한 협정으로 Level별로 차이가 있으며, Availability 조회 시 Access Level별 Indicator 표시한다. 항공사의 실제 최종 예약가능 좌석 수를 조회한 후 이에 의거, 예약하는 방식으로 시스템을 연결하여 가입 항공사의 AVBLTY를 불러 TOPAS Format으로 재구성한다.

```
AN20JANSELCDG/AAF
** AMADEUS AVAILABILITY - AN ** CDG CHARLES DE GAUL.FR        337 WE 20JAN 0000
 1   AF 267   P6 F5 J9 C9 D9 I9 Z9 /ICN   CDG2E  1010    1425  E0/77W      12:15
              O9 W9 S9 A9 Y9 B9 M9 U9 K9 H9 L9 Q9 T9 N9 R9 V9 X9 GR
 2KE:AF5093   J9 C9 D9 I9 Z9 O9 Y9 /ICN   CDG2E  1400    1820  E0/388      12:20
              B9 M9 U9 K9 H9 L9 Q9 T9 N9 R9 V9 X9 GR
```

② EOT 작업 후 Teletype Booking Message를 항공사로 보냄으로써 예약된다.

③ Class, 임시편, 기타 정보 등 조회가 가능하다.

④ 해당 항공사의 판매에 가장 유리한 스케줄 구성으로 AVBLTY를 제공한다

1) 토파스 여행정보(주)(2011). 예약, p. 55.

(CA · AP · CW · NZ · PX · AA · AN · MU · DL · JL · KL · KE · LH · PF · IE · RG · UA · VP : 총 18개 항공사가 가입).

2 항공사별 Access Level 조회

Entry 화면 1

```
> GG PCA LACC

                          GGPCALACC              EN   17FEB15 0130Z
AMADEUS PARTICIPATING CARRIERS : ACCESS LEVEL
FOR DECODING OF ACCESS LEVEL ENTER    GP1
                                  ACC LSA     DYN NUM
CC   CARRIER NAME                 IND IND AAS SCH AVL ADA DIR STD
---  ---------------------------  -------------------------------
AA   AMERICAN AIRLINES             .   /  YES         YES YES
AB   AIR BERLIN                    /   /  YES YES YES YES
AC   AIR CANADA                    /   /  YES YES YES YES YES
AD   AZUL LINHAS AEREAS B          .      YES
AE   MANDARIN AIRLINES             .   /  YES     YES     YES
AF   AIR FRANCE                    /   /  YES YES YES YES
AH   AIR ALGERIE                   .      YES             YES
AI   AIR INDIA LIMITED             /   /  YES YES YES YES YES
AK   AIRASIA SDN BHD               -
AM   AEROMEXICO                    /   /  YES YES     YES YES
AN   HOP AIRLINAIR                 /   /  YES YES YES
AP   AIRONE S.P.A.                                            YES
AR   AEROLINEAS ARGENTINA          /   /  YES YES YES YES YES
AS   ALASKA AIRLINES               /   /  YES YES YES YES YES
AT   ROYAL AIR MAROC               /   /  YES YES YES YES
                                  ACC LSA     DYN NUM
```

3 종류 및 특징

항공사별 Access Level에 따라 Schedule 조회 시점의 좌석 현황은 실제 좌석 현황과는 차이가 있을 수 있다. TOPAS System과 가입항공사 System 사이의 간접

Link방식(System의 직접 연결방식이 아닌 Message 전송을 통한 방식)으로 PNR 완성을 위한 EOT 시 'HK' CODE가 붙어도 24시간 이내에 Reject될 수도 있으므로 차후 확인이 필요하다.

<table>
<tr><th>구분</th><th>Standard Access</th><th>Direct Access</th><th>Access Update</th><th>Access sell</th><th>Full Access</th></tr>
<tr><td>표시</td><td>Blank</td><td>*</td><td>:</td><td>.</td><td>/</td></tr>
<tr><td>Last seat조회</td><td>불가</td><td colspan="3">불가(일부항공사 가능)</td><td>가능</td></tr>
<tr><td>응답코드</td><td colspan="3">SS → HK
LL → HL
NN → HN</td><td colspan="2">HK
HL
NN</td></tr>
<tr><td>좌석확보시점</td><td colspan="3">EOT</td><td colspan="2">Segment Sell 시점</td></tr>
<tr><td colspan="4">12시간 내 좌석 거절 가능성 있음</td><td colspan="2">없음</td></tr>
</table>

※ 항공사별 잔여좌석 확인(Last Seat Availability) 가능 여부 확인

Entry 화면 1

```
> GGPCAOZ

PARTICIPATING CARRIER ACCESS AND FUNCTION LEVEL
OZ  -  ASIANA AIRLINES

                                          ALTEA RESERVATION :  YES
     ACCESS INDICATOR :  /        RECORD LOCATOR RETURN :  ALL
LAST SEAT AVAIL INDIC :  /       CARRIER PREFERRED DISP :  ALL
      STANDARD ACCESS :           BOOKING RANGE IN DAYS :  354
  AMADEUS ACCESS SELL :  YES       INTERACTIVE SEAT MAP :  YES
 DYNAMIC SCHEDULE UPD :  YES            INTERACTIVE ASR :  YES
 NUMERIC AVAIL UPDATE :  YES             ASR DAYS/HOURS :  354/24
AMADEUS DYNAMIC AVAIL :  YES        BP ISSUE DAYS/HOURS :  000/00
        DIRECT ACCESS :

 PASSIVE SEGMENT:        PASSIVE NOTIFY:           PNR CLAIM:
 SERVICE SEGMENT: Y      DELETE SEGMENT:          TICKETLESS:
 MEAL VALIDATION:        FREQUENT FLYER: Y              EPAY:


FOR DECODING ENTER :           E-TKT NBR TRANSMISSION:ALL
GGPCALDEC   (FOR MENU)       PAPER TKNB TRANSM. VIA FA:ALL
GGPCALDEC1  (FOR ACCESS)  PAPER TNB TRANSM. VIA FHA/FHM:ALL
GGPCALDEC2  (FOR FUNCTION)     OPERATIONAL MVT/DIV FLIFO:Y
```

연습문제

1. 항공사별 Last Seat 가능 여부 확인 입력 지시어를 쓰시오.

2. 다음 아래 PNR을 보고 OZ항공의 예약번호(PNR ADDRESS)를 적으시오.

```
1.1HONG / CHEINSOODR 2.1CHO / YOUNGJOODR
S6CKEC1 14OCT DY8XPK / 170-9988
1 KE 85 M TH 3DEC ICNJFK HK2 E 1930 1920 CAB Y
2 OZ 951 S TH 3DEC JFKGIG HK2 E 2145 1325*1 DS-TBSACS
3 ARNK
4 AA 956 N FR 11DEC EZEJFK HK2 E 2230 0600*1 DS-RTGBGG
5 KE 82 M SA 12DEC JFKICN HK2 E 1240 1720*1 CAB Y
FONE-S6C-T 02-726-5775 / HANJIN TARVEL / LEE SUNG BUM
TL-CSEL39 / 2255 / 02NOV
GEN FAX-OSIKE RSVN NBR IS 170-9988
```

제9장

PNR Split와 Queue 이용하기

제 1 절 PNR Split 실무실습 (HE SP)[1]

1 PNR 분리하기(Split)

1) PNR Split의 정의

일부 승객이 일부 여정을 추가 또는 취소, 변경을 할 경우 해당 승객의 예약만을 따로 분리하여야 하는데, 이때 1개의 예약 기록을 2개로 분리하는 작업을 Split 라고 한다. 기존의 PNR을 Split하면 기존의 예약 기록에서 새로운 PNR이 작성되어 2개의 PNR이 생성되는데, 이때 기존의 PNR을 최초의 Original PNR이라고 하고 새로 만들어진 PNR을 New PNR이라고 한다.

2) Split Action시의 주의사항

① 화면에 Display되어 작업 중인 PNR은 그 작업을 종료하거나 Ignore한 후, 다시 PNR을 Retrive하여 Divide 작업을 시작해야 한다.

② 완성되지 않은 PNR은 Split할 수 없다. Split란 하나의 PNR을 2개로 나누어서

1) 장양례 · 양정임(2013). 항공예약실무. 백산출판사.

분리하는 작업이며, 완성되지 않은 상태에서 승객의 여정이 각기 다르다면 2개의 PNR을 별도로 작성하면 된다.

③ HTL, Car SEG가 있는 경우는 해당 항목이 연결된 승객에게 남는다.

④ Passenger Relation되어 있는 Phone이나 Fact Element는 PNR이 분리될 때 각기 해당승객이 있는 PNR에만 남는다.

⑤ Split 시 Original PNR의 EOT를 하기 전까지는 작업 지시가 완료되지 않은 상태이므로 Ignore(IG)를 하면 Split 작업 전의 PNR로 복원되므로 다른 2번의 저장(EOT)을 하기 전까지는 다른 작업을 하면 안된다(즉 Split를 완료하기 전까지는 2번의 EOT가 필요).

⑥ KE 이외의 Other Airline이 있는 PNR을 Divide한 경우 각 항공사에 처리내용 반영 여부를 반드시 유선 상으로 확인하도록 한다.

2 PNR Split 방법

1) 예약기록의 분리를 위한 코드

① - : 동일 Name Item 중 여러 명을 동시에 분리할 때 사용

② , : 동일 Name Item 중 여러 명을 선택적으로 분리할 때 사용

예약기록 분리코드 지시어

지시형식	내 용
SP2	1번 승객만 분리하기
SP1-3	여러 명의 승객 중에서 1-3번 승객만 분리하기
SP1, 4-5	여러 명의 승객 중에서 1번과 4-5번 승객 분리하기
SP0.2.2-3	Group PNR에서 Unassigned Name(0번 Element)중 2명과 Name Element 2-3번 승객 분리하기
D56	5번 승객 JANG / Y와 6번 승객 JIN / Y를 분리하기

2) PNR Split 순서

① PNR Display(RT1234-6789)

② 승객분리(SP2: Associate PNR, New PNR)

③ Received From 입력(RFPAX): 반드시 입력할 필요는 없음

④ 분리된 Associate PNR 저장(EF: Parent PNR, Origin PNR) 2번

⑤ Received From 입력(RFPAX): 반드시 입력할 필요는 없음

⑥ Original PNR 저장(ET) 또는 (ER)(저장과 동시에 ORG PNR로 복귀)

RFPAX는 생략해도 무방하다.

3) PNR Split 수행순서

SP2 → EF → EF → ER → ER

3 PNR Split의 예

일부승객 전 여정 취소할 경우

<table>
<tr><th>지시형식</th><th>응 답 화 면</th></tr>
<tr><td>PNR 조회 후

SP2
2번 승객 분리
ASSOCIATE PNR 생성
새로운 PNR이 생성</td><td><pre>Entry 화면 1
>

> SP2

--- RLR ---
-ASSOCIATE PNR-
RP/SELK1338F/SELK1338F   AA/SU 15FEB15/1139Z   XXXXXX
  1.JO/SUNGMOMR
  2 KE 907 Y 01OCT 4 ICNLHR HK1 1300 1725 01OCT E KE/ZNSICF
  3 KE 908 Y 20OCT 2 LHRICN HK1 1935 1425 21OCT E KE/ZNSICF
  4 AP 02-111-2222
  5 AP M010-1111-2222
  6 TK OK15FEB/SELK1338F
  7 OPW SELK1338F-27FEB:1900/1C7/KE REQUIRES TICKET ON OR BEFORE
        01MAR:1900/S2-3
  8 OPC SELK1338F-01MAR:1900/1C8/KE CANCELLATION DUE TO NO
        TICKET/S2-3
  * SP 15FEB/AASU/SELK1338F-ZNSICF</pre></td></tr>
</table>

지시형식	응답화면
RFPAX(생략가능) 변경신청자 입력	Entry 화면 1 > RFPAX --- RLR --- -ASSOCIATE PNR- RP/SELK1338F/SELK1338F AA/SU 15FEB15/1139Z XXXXXX RF PAX 1.JO/SUNGMOMR 2 KE 907 Y 01OCT 4 ICNLHR HK1 1300 1725 01OCT E KE/ZNSICF 3 KE 908 Y 20OCT 2 LHRICN HK1 1935 1425 21OCT E KE/ZNSICF 4 AP 02-111-2222 5 AP M010-1111-2222
E 엔터 후 ORG PNR과 DIVIDE된 NEW PNR 생성 EF 입력 후 한 번 더 EF 입력	Entry 화면 1 > EF --- RLR --- -PARENT PNR- RP/SELK1338F/SELK1338F AA/SU 15FEB15/1139Z ZNSICF 2111-2228 1.KIM/GEONMOMR 2.KIM/TURBOMR 3.YOON/DOOJOONMR 4.KIM/NANAMS 5 KE 907 Y 01OCT 4 ICNLHR HK4 1300 1725 01OCT E KE/ZNSICF 6 KE 908 Y 20OCT 2 LHRICN HK4 1935 1425 21OCT E KE/ZNSICF 7 AP 02-111-2222 8 AP M010-9187-6302/P1 9 APM 010-1234-3333/P2 10 TK OK15FEB/SELK1338F 11 OPW SELK1338F-27FEB:1900/1C7/KE REQUIRES TICKET ON OR BEFORE 01MAR:1900/S5-6 12 OPC SELK1338F-01MAR:1900/1C8/KE CANCELLATION DUE TO NO TICKET/S5-6 * SP 15FEB/AASU/SELK1338F-ZNSIOD
E 엔터 후 ORG과 DIVIDE된 NEW PNR 생성	Entry 화면 1 > ER --- AXR RLR --- RP/SELK1338F/SELK1338F AA/SU 15FEB15/1143Z ZNSICF 2111-2228 1.KIM/GEONMOMR 2.KIM/TURBOMR 3.YOON/DOOJOONMR 4.KIM/NANAMS 5 KE 907 Y 01OCT 4 ICNLHR HK4 1300 1725 01OCT E KE/ZNSICF 6 KE 908 Y 20OCT 2 LHRICN HK4 1935 1425 21OCT E KE/ZNSICF 7 AP 02-111-2222 8 AP M010-9187-6302/P1 9 APM 010-1234-3333/P2 10 TK OK15FEB/SELK1338F 11 OPW SELK1338F-27FEB:1900/1C7/KE REQUIRES TICKET ON OR BEFORE 01MAR:1900/S5-6 12 OPC SELK1338F-01MAR:1900/1C8/KE CANCELLATION DUE TO NO TICKET/S5-6 * SP 15FEB/AASU/SELK1338F-ZNSIOD
변경할 PNR을 RT를 이용하여 Display한 후 여정 변경	Entry 화면 1 · SB19OCT3 --- AXR RLR --- RP/SELK1338F/SELK1338F AA/SU 15FEB15/1143Z ZNSIOD 2111-2229 1.JO/SUNGMOMR 2 KE 907 Y 01OCT 4 ICNLHR HK1 1300 1725 01OCT E KE/ZNSIOD 3 KE 908 Y 19OCT 1 LHRICN DK1 1935 1425 20OCT E 0 77W DB SEE RTSVC 4 AP 02-111-2222 5 AP M010-1111-2222 6 APM 010-9187-6302 7 TK OK15FEB/SELK1338F 8 OPW SELK1338F-27FEB:1900/1C7/KE REQUIRES TICKET ON OR BEFORE 01MAR:1900/S2 9 OPC SELK1338F-01MAR:1900/1C8/KE CANCELLATION DUE TO NO TICKET/S2

※ SB지시어를 이용하여 해당 라인의 날짜를 변경한다.
3번 여정에 해당하는 런던-서울을 20일에서 19일로 변경함 → SB19OCT3

4 기타 입력 지시어

1) AXR(Associated Cross Reference) PNR 확인

지시형식	응답 화면
RTAXR	--- AXR RLR --- RP/SELK1338F/SELK1338F AA/SU 15FEB15/1147Z ZNSIOD 2111-2229 1.JO/SUNGMOMR 2 KE 907 Y 01OCT 4 ICNLHR HK1 1300 1725 01OCT E KE/ZNSIOI 3 KE 908 Y 19OCT 1 LHRICN HK1 1935 1425 20OCT E KE/ZNSIOI 4 AP 02-111-2222 5 AP M010-1111-2222 6 APM 010-9187-6302 7 TK OK15FEB/SELK1338F 8 OPW SELK1338F-27FEB:1900/1C7/KE REQUIRES TICKET ON OR BEFORE 01MAR:1900/S2-3 9 OPC SELK1338F-01MAR:1900/1C8/KE CANCELLATION DUE TO NO TICKET/S2-3 * SP 15FEB/AASU/SELK1338F-ZNSICF Entry 화면 1 > RTAXR AXR FOR PNR: ZNSIOD 15FEB 2048 1.JO/SUNGMOMR 1 * 2.KIM/GEONMOMR 4 ZNSICF 3.KIM/NANAMS 4 ZNSICF 4.KIM/TURBOMR 4 ZNSICF 5.YOON/DOOJOON- 4 ZNSICF > > RT2 --- AXR RLR --- RP/SELK1338F/SELK1338F AA/SU 15FEB15/1143Z ZNSICF 2111-2228 1.KIM/GEONMOMR 2.KIM/TURBOMR 3.YOON/DOOJOONMR 4.KIM/NANAMS 5 KE 907 Y 01OCT 4 ICNLHR HK4 1300 1725 01OCT E KE/ZNSICF 6 KE 908 Y 20OCT 2 LHRICN HK4 1935 1425 21OCT E KE/ZNSICF 7 AP 02-111-2222 8 AP M010-9187-6302/P1 9 APM 010-1234-3333/P2

<table>
<tr><th>지시형식</th><th>응답 화면</th></tr>
<tr><td>SP1, 3-4</td><td>Entry 화면 1
> SP1,3-4

--- AXR RLR ---
-ASSOCIATE PNR-
RP/SELK1338F/SELK1338F AA/SU 15FEB15/1143Z XXXXXX
1.KIM/GEONMOMR 2.YOON/DOOJOONMR 3.KIM/NANAMS
4 KE 907 Y 01OCT 4 ICNLHR HK3 1300 1725 01OCT E KE/ZNSICF
5 KE 908 Y 20OCT 2 LHRICN HK3 1935 1425 21OCT E KE/ZNSICF
6 AP 02-111-2222
7 AP M010-9187-6302/P1
8 TK OK15FEB/SELK1338F
9 OPW SELK1338F-27FEB:1900/1C7/KE REQUIRES TICKET ON OR BEFORE
01MAR:1900/S4-5
10 OPC SELK1338F-01MAR:1900/1C8/KE CANCELLATION DUE TO NO
TICKET/S4-5
* SP 15FEB/AASU/SELK1338F-ZNSIOD
* SP 15FEB/AASU/SELK1338F-ZNSICF</td></tr>
<tr><td rowspan="2">SP0.2, 2-3</td><td>Entry 화면 1

--- RLR ---
RP/SELK1338F/SELK1338F AA/SU 17FEB15/0605Z ZOWMVX
8187-6302
0. 15AJUMMA TOUR NM: 3
4 KE 691 G 20OCT 2 ICNTPE HN18 1035 1205 20OCT E KE/ZOWMVX
5 KE 692 G 25OCT 7 TPEICN HN18 1210 1535 25OCT E KE/ZOWMVX
6 AP 02-111-2222AMADEUS TOUR
7 APM 010-9187-6302 LEE/ANNAE
8 TK OK16FEB/SELK1338F
9 SSR GRPF KE YGV10 ICNTPEICN KRW 300000
>

> SP0.2,2-3

--- RLR ---
-ASSOCIATE PNR-
RP/SELK1338F/SELK1338F AA/SU 17FEB15/0605Z XXXXXX
0. 2AJUMMA TOUR NM: 2
3 KE 691 G 20OCT 2 ICNTPE HN4 1035 1205 20OCT E KE/ZOWMVX
4 KE 692 G 25OCT 7 TPEICN HN4 1210 1535 25OCT E KE/ZOWMVX
5 AP 02-111-2222AMADEUS TOUR
6 APM 010-9187-6302 LEE/ANNAE
7 TK OK16FEB/SELK1338F</td></tr>
<tr><td>GROUP PNR상에 Unassigned Name(0번 element)중 2명과 Name element에서 2, 3번 승객 분리</td></tr>
<tr><td>RTN 분리된 승객 명단 확인</td><td>Entry 화면 1
BKD:20 CNL: 2 SPL: 0
1.KIM/TAEJOOMR 2.CHA/SILJANGMS 3.YANG/TESTMS
>

> SP0.2,2-3

--- RLR ---
-ASSOCIATE PNR-
RP/SELK1338F/SELK1338F AA/SU 17FEB15/0605Z XXXXXX
0. 2AJUMMA TOUR NM: 2
3 KE 691 G 20OCT 2 ICNTPE HN4 1035 1205 20OCT E KE/ZOWMVX
4 KE 692 G 25OCT 7 TPEICN HN4 1210 1535 25OCT E KE/ZOWMVX
5 AP 02-111-2222AMADEUS TOUR
6 APM 010-9187-6302 LEE/ANNAE
7 TK OK16FEB/SELK1338F
8 SSR GRPF KE YGV10 ICNTPEICN KRW 300000
9 SSR GRPS YY TCP 18 AJUMMA TOUR
* SP 17FEB/AASU/SELK1338F-ZOWMVX
>

> RTN

RP/SELK1338F/SELK1338F AA/SU 17FEB15/0605Z XXXXXX
0. 2AJUMMA TOUR NM: 2
BKD: 4 CNL: 0 SPL: 0
1.CHA/SILJANGMS 2.YANG/TESTMS</td></tr>
</table>

5 NHP(Non Homogeneous PNR)의 처리 방법

PNR작성 시 특정 구간에 대해 예약된 전체 승객이 아닌, 일부 승객만 이용하는 경우 사용할 수 있는 기능이다. 위에서 살펴본 것과 같이 NHP는 여정 중 일부 구간에 대해 승객의 숫자와 여정의 좌석 숫자가 불일치한 상태인 경우에는 예약을 취소하고 여정을 다시 잡거나 이름을 지워야 한다. 그러나 승객의 숫자가 맞는다면 여정을 새로 잡지 않고 불일치한 상태로 PNR작업을 완성하는 방법이 가능하며 다음과 같다. PNR 완성 후에는 Split(Divide)의 경우와 마찬가지로 해당 승객의 PNR이 별도로 분리되어 저장된다.

사례

승객명: CHA/TAEHYUNMR, KIM/JONGMINMR
여정: 9/1 SEL-MNL KE621, Y CLASS
9/10 MNL-SEL KE622, Y CLASS
(단, MNL/SEL은 KIM/JONGMIN 승객만 여행)

<table>
<tr><th>지시어</th><th>응답화면</th></tr>
<tr><td>NM1CHA/TAEHYUNMR
NM1KIM/JONGMINMR

AN1SEPSELMNL/AKE
SS2Y1
ACR10SEP
SS1Y1</td><td>Entry 화면 1
> SS1Y1
*** NHP ***
RP/SELK1338F/
1.CHA/TAEHYUNMR 2.KIM/JONGMINMR
3 KE 621 Y 01SEP 2 ICNMNL DK2 0800 1050 01SEP E 0 773 B
SEE RTSVC
4 KE 624 Y 10SEP 4 MNLICN DK1 0030 0520 10SEP E 0 773 M
SEE RTSVC</td></tr>
<tr><td>4/P2
4 : 4번라인
/P2 : 승객번호 2연결
APM-010-111-2222
RFPAX
TKTL20AUG
ER</td><td>Entry 화면 1
> ER
WARNING: KE REQUIRES TICKET ON OR BEFORE 03MAR:1900/S3-4
>
> ER
AXR FOR PNR: ***NHP*** 17FEB 1530
1.CHA/TAEHYUNM- 1 ZQEB5F
2.KIM/JONGMINM- 1 ZQEB5G</td></tr>
</table>

<table>
<tr><td>ER</td><td>

Entry 화면 1

```
> 4/P2

                         ***  NHP  ***
RP/SELK1338F/
  1.CHA/TAEHYUNMR   2.KIM/JONGMINMR
  3  KE 621 Y 01SEP 2 ICNMNL DK2  0800 1050  01SEP  E  0 773 B
     SEE RTSVC
  4  KE 624 Y 10SEP 4 MNLICN DK1  0030 0520  10SEP  E  0 773 M
     /P2
     SEE RTSVC
```

</td></tr>
<tr><td>RT2
2번 승객 PNR 보기</td><td>

Entry 화면 1

```
> RT2

--- AXR RLR ---
RP/SELK1338F/SELK1338F          AA/SU  17FEB15/0630Z   ZQEB5G
0111-2265
  1.KIM/JONGMINMR
  2  KE 621 Y 01SEP 2 ICNMNL HK1  0800 1050  01SEP  E  KE/ZQEB5G
  3  KE 624 Y 10SEP 4 MNLICN HK1  0030 0520  10SEP  E  KE/ZQEB5G
  4 APM 10-111-2222
  5 TK TL20AUG/SELK1338F
  6 OPW SELK1338F-02MAR:1900/1C7/KE REQUIRES TICKET ON OR BEFORE
        03MAR:1900/S2-3
  7 OPC SELK1338F-03MAR:1900/1C8/KE CANCELLATION DUE TO NO
        TICKET/S2-3
  * SP 17FEB/AASU/SELK1338F-NHP PROC
>
```

</td></tr>
<tr><td>RTAXR</td><td>

Entry 화면 1

```
> RTAXR

  AXR FOR PNR:                                ZQEB5G    17FEB 1534
  1.CHA/TAEHYUNM- 1    ZQEB5F
  2.KIM/JONGMINM- 1      *
```

</td></tr>
</table>

연습문제

1. 다음 조건에 따라 승객분리를 입력하세요.

여　　정: 9월 2일 인천-쿠알라룸푸르
　　　　　9월 5일 자카르타-인천
좌석 Booking Class: M Class
인원 : 어른 2명, 여자 어린이 1명(생년월일 2013년 12월 20일)
전화번호 : 하나여행사 : 02-223-2004 HANA TOUR
요청 사항 : 1번 어른은 대한항공 VIP 고객임
승객 분리 : 2번 승객이 돌아오는 날짜를 9월 10일로 변경 요청함

2. 다음 조건에 따라 승객분리를 입력하세요.

여　　정: 10월 3일 인천-캘거리
　　　　　10월 5일 캘거리-토론토
　　　　　10월 9일 토론토-뱅쿠버
　　　　　10월 12일 뱅쿠버-인천
좌석 Booking Class: 전좌석 Y Class
인원 : 본인 1명, 어른 3명, 남자 어린이 1명(생년월일 2012년 1월 1일),
　　　여자 소아 어린이 1명(생년월일 2016년 2월 30일)
전화번호 : 모두여행사 : 02-123-2004 MODE TOUR
　　　　　3번 고객 핸드폰 번호 010-5678-2345
　　　　　모든 고객의 사무실 전화번호는 02)354-8098
요청 사항 : 본인의 인천-캘거리, 뱅쿠버-인천 구간 저칼로식음식 요청
승객 분리 : 3번 승객이 뱅쿠버-인천 구간을 11월 5일로 변경 요청함

3. **다음 조건에 따라 PNR을 작성하여 저장한 후 2번 본인 승객의 NEW PNR 번호를 적으세요.**

승　객: 본인 성명 + 김미리(CHD, 남아, 02JUN11)
여　정: 4월 5일 인천-후쿠오카, JL, BKG Y
　　　 4월 20일 후쿠오카-인천, JL, BKG Y
전화번호 : 새한여행사 : 02-233-8967
　　　　 1번 승객 핸드폰 번호 010-2358-3214
PNR 저장 후 2번 승객(김미리) 돌아오는 날짜 변경: 4월 20일을 5월 1일
지정하지 않는 PNR 필수 구성요소는 임의 입력

제 2 절 Queue 이용하기

1 Queue의 정의(HE QUEUE)

Queue란 특정 성격을 가진 예약기록이나 메시지들이 자동적으로 모여지는 서류함이며, 예약과 발권 업무처리를 위해 PNR이나 전문(Message)을 서로 송수신할 수 있는 기능으로 PNR의 저장관리를 한다. Queue를 이해하는 가장 쉬운 방법은 숫자로 된 캐비닛(Cabinets)과 그 안에 각 종류별(Category) 서랍이 있으며, 그 서랍 안에 날짜별로 추가폴더(Folder)가 있다고 생각하면 된다. Queue는 특성별로 구분되고 한 오피스(Office)당 80개의 저장고 형식의 Queue를 만들 수 있다. 한 개의 Queue 번호별 최대 256개의 Category를 구성할 수 있다.

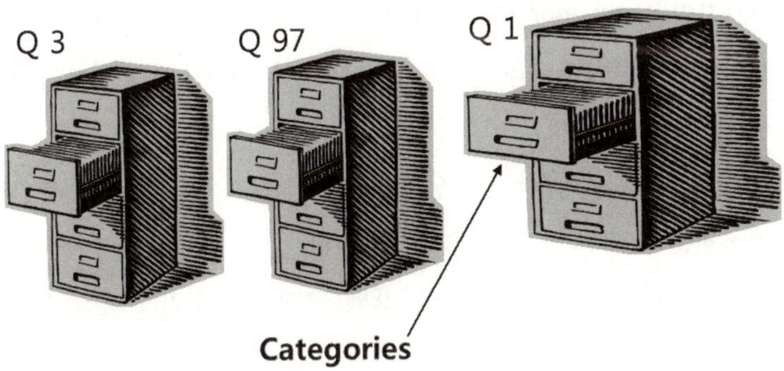

2 PNR Queue 기능 및 필요성

1) PNR Queue 기능[2)]

Queue는 예약 업무 처리를 위한 통신 사항이나 예약자료 저장 장치로 외부로부터의 PNR이나 전문의 특성별 자동 구분 배달기능을 갖고 있다. 필요 사항의 특정 도시 Queue로 임의 송부가 가능하며, Queue에 놓은 PNR이나 전문은 접수 순서대로 저장된다. 여행사의 요구가 있는 경우에는 예약 기록/메시지를 Queue System을 통해서 다른 여행사와 상호 교환할 수 있다.

① 예약 기록 및 메시지의 저장 관리 기능

② 특정 항공사와 예약 기록/메시지 전송 및 접수

③ 타 항공사와 예약 기록/메시지를 통한 업무 협조

2) Queue의 필요성

① 예약 기록을 작성하고 좌석이 없는 비행편에 대기자 예약을 하거나 예약이 잘못 취소되어 초과 예약을 요청하기 위해 예약 기록을 비행편 담당자에게 보내려고 한다. 이때 전문 메시지를 보내지 않고 담당자가 CRT상에서 해당 예약 기록을 직접 보게 할 수 있다.

② 항공사 직원이 비행편에 예약되어 있는 모든 승객의 예약 기록을 찾아서 차례대로 보면서 출발확인을 한다. 이때 매 예약 기록마다 조회하여 출발 확인을 할 수 있다.

③ 서울의 예약 직원이 급한 업무상의 필요성으로 로스앤젤레스 예약담당자에게 메시지를 보내고 응답을 얻을 수 있다.

④ 호텔 담당 직원이 해외에서 STPC 호텔 수배를 요청한 사실을 알 수 있다.

---

2) 이지영・이병윤・윤선정(2014). GDS항공예약실무, 한올출판사.

⑤ 승객을 취급하는 여행사 직원이 비행편 스케줄 변동을 자동적으로 통보받을 수 있다.

3 Queue의 종류

1) Special Queue와 Dual Queue

Special Queue는 한 개의 Q 번호별 0~256개의 범주(Category)로 구성되어 있으며, Dual Queue는 한 개의 Q 번호별 0~256개의 범주로 구성되어 있으며, 하나의 부문(Category)당 날짜범위(Date Range)를 가진 최대 4개의 하위 Queue(Sub Queue)로 추가 구성되어 있다. 보통 날짜 구분(Date Range)은 PNR에서 활성화된 첫 번째 구간(Segment)을 기본으로 설정된다. 해당 Sub Queue는 각 사무실(Office)의 필요에 따라 변경할 수 있다.

4 작성된 PNR Queue 보내기

Queue를 보낼 때 번호를 지정하지 않고 QE만 입력한 경우나 지정한 범주(category)가 없는 경우는 자동으로 0번 Queue로 분류된다. 또, 특정 Queue에 잘못 들어온 PNR/Message를 Queue 작업 중, 다른 Q Number로 이송할 수 있다. 이때 QE 지시어(Entry)를 이용하며 해당 Q에서 PNR이 제거되고 전송된다.

QE8	QE : Queue Enter 8 : Queue 번호
QE8C2	QE : Queue Enter 8 : Queue 번호 C : Category 1번(본인 Office Queue로 전송)
QE/SELKP3100/60C0	QE : Queue Enter SELKP3100 : 전송받는 Office ID(타 Office로 전송) 60 : Queue 번호 C0 : Category 3번

Entry 화면 1

```
--- TST AXR RLR ---
RP/SELK1338F/SELK1338F            AA/SU   16FEB15/1915Z    6WUSH3
8375-3604
  1.YANG/JONGIMMS
  2  KE 643 Y 02JAN 6 ICNSIN HK1  1420 1955  02JAN  E  KE/6WUSH3
  3  KE 644 Y 06JAN 3 SINICN HK1  2230 0540  07JAN  E  KE/6WUSH3
  4 AP 02-111-2222
  5 APM 010-9187-6302
  6 TK OK25NOV/SELK1338F
  7 OPW SELK1338F-27FEB:1900/1C7/KE REQUIRES TICKET ON OR BEFORE
        02MAR:1900/S2-3
  8 OPC SELK1338F-02MAR:1900/1C8/KE CANCELLATION DUE TO NO
        TICKET/S2-3
  9 RME SMS FOR TTL INFO (SENT OK-27NOV14 1143L)/SELKE06PN WSSU
       27NOV1844L
  * SP 25NOV/AASU/SELK1338F-6WURD6
  * ES/G 16FEB/AASU/SELK1338F
    SELKP3100-B/SELK138BQ-B
>

> QE/SELKP3100/60C0

ON QUEUE  - 6WUSH3
>
```

범주(Category) 미지정 시, 또는 지정한 범주(Category)가 존재하지 않는 경우에는 Category 0번으로 자동 전송된다. 또한 날짜 범위(Date Range)의 미지정 시에는 날짜 범위(Date Range) 1번으로 자동 전송된다.

ESSELKP3100-B	발권 관련하여 타 여행시간 전송 시

Entry 화면 1

```
> ESSELK138BQ-B,SELKP3100-B

--- RLR ---
RP/SELK1338F/SELK1338F            AA/SU  16FEB15/1925Z   ZPB5CC
9187-6303
  1.YANG/JONGIMMS
  2  KE 907 Y 20JAN 3 ICNLHR HK1  1300 1630  20JAN  E  KE/ZPB5CC
  3  BA 314 Y 23JAN 6 LHRCDG HK1  1255 1510  23JAN  E  BA/NOSYNC
  4  ARNK
  5  KL1598 Y 30JAN 6 FCOAMS HK1  1000 1235  30JAN  E  KL/ZPB5CC
  6  KL1227 Y 02FEB 2 AMSCDG HK1  0730 0850  02FEB  E  KL/ZPB5CC
  7  KE 902 Y 02FEB 2 CDGICN HK1  2100 1555  03FEB  E  KE/ZPB5CC
  8 AP 02-111-2222YANG
  9 AP EWANGHAPPY1@NAVER.COM
 10 AP B031-3333-4444
 11 APM 010-9187-6302
 12 TK OK16FEB/SELK1338F
 13 SSR ADTK 1A TO KL BY 26JAN/2200Z OTHERWISE WILL BE XXLD
 14 SSR VGML KE HK1/S2
 15 SSR VGML KE HK1/S7
 16 SSR VGML BA NO1 MEAL TYPE NOT AVAILABLE FOR THIS FLIGHT/S3
 17 SSR VGML KL NO1 NO SERVICE ON THIS FLIGHT/S5
 18 SSR VGML KL NO1 NO SERVICE ON THIS FLIGHT/S6
 19 OPW SELK1338F-02MAR:1900/1C7/KE REQUIRES TICKET ON OR BEFORE
```

5 메시지 Queue 보내기

① QE97C0D1 ② PLZ INFORM CHNG TIME TO PAX ③ //	① QE : Queue Enter 9C0D1 : 97번 Q, 0Category, Date 1번 range ② 전송할 메시지 TEXT(자유형식) ③ // : 종료

6 PNR에서 Queue 전송 취소하기

PNR조회	Queue목록 확인	List상의 line 번호삭제
RT6WUSH3	RTQ	QXP2 또는 QXP/ALL (전송한 모든 Q 취소)

Entry 화면 1

```
---------------------------------------------------------------
PNR QUEUE LIST - 6WUSH3
---------------------------------------------------------------
NUM     OFFICE ID    QUEUE    CAT    DR    DATE / TIME    SIGN
0001    SELK1338F     001     007    01    27NOV/ 1007     AW
0002    SELK1338F     001     008    01    28NOV/ 1020     AC
>

> QXP2

---------------------------------------------------------------
PNR QUEUE LIST - 6WUSH3
---------------------------------------------------------------
NUM     OFFICE ID    QUEUE    CAT    DR    DATE / TIME    SIGN
0001    SELK1338F     001     007    01    27NOV/ 1007     AW
>
```

PNR에서 이미 전송된 queue에 대해 취소 시 사용하는 기능이다.

Entry 화면 1

```
> RTQ

---------------------------------------------------------------
PNR QUEUE LIST - 6WUSH3
---------------------------------------------------------------
NUM     OFFICE ID    QUEUE    CAT    DR    DATE / TIME    SIGN
0001    SELK1338F     001     007    01    27NOV/ 1007     AW
>

> QXP/ALL

PNR 6WUSH3 REMOVED FROM ALL QUEUES
>
```

7 Q Bank 접속하기

1) 담당 Office의 전체 Q Bank summary 조회

QTQ	기본지시어

2) 시스템에서 Active한 Q Bank 조회

QT	기본지시어

```
Entry 화면 1
> QTQ
0917 17FEB ①
QUEUE.②...SELK1338F.......Q/TTL③.ADDS④.LQC.⑤..IW ⑥
....DLY/DAT⑦............       0.................
....DLY/TIM.............       0.................
Q94.MSG-CP .............       0.     0.     0.     0
Q95.       .............       0.     0.     0.     0
Q96.MSG-PDR.............       0.     0.     0.     0
Q97.MESSAGE.............       0.     0.     0.     0
Q 0.GENERAL.............       0.     0.     0.     0
Q 1.CONFO  .............      97.   100.     0.     3
Q 2.KL     .............       3.     4.     0.     1
Q 3.OPTION .............      15.    17.     0.     2
Q 4.RPCHNG .............       0.     0.     0.     0
Q 5.RATES  .............       0.     0.     0.     0
Q 7.SKEDCHG.............       5.     5.     0.     0
Q 8.TKTG   .............      11.    11.     0.     0
Q 9.OA CTRL.............       0.     0.     0.     0
Q10.ADVANCE.............       0.     0.     0.     0
Q12.XTL    .............       8.     8.     0.     0
Q14.PURGED .............       0.     0.     0.     0
Q15.PNRPUSH.............       0.     0.     0.     0
Q23.RQR    .............       0.     0.     0.     0
Q25.MLIST  .............       0.     0.     0.     0
Q26.MLIST  .............       0.     0.     0.     0
```

① QTQ를 실행한 시간 및 일자

② Q 번호

③ Q/TTL : 작업한 총 PNR/Message 개수

④ ADDS(Additions) : Q 화면 Reset(QCR) 또는 Q 화면 활성화 이후, 추가 전송된 PNR/Message 개수

⑤ LQC(Last Queue Count) : Q Reset 당시의 PNR/Message 개수

⑥ IW(Item Worked) : Reset 이후 작업한 PNR/Message TTL(Total) 개수

⑦ Delayed Date/DELAYED QUEUE에 보관된 PNR/Message 개수

⑧ Delay Queue : DLY/DAT(Delay Date), DLY/TIM(Delay Time) Queue Q로 PNR/Message 전송을 실행하는 순간 해당 Q 번호에 PNR이 보여지는 것이 원칙이나, 미래의 특정일자와 시간을 지정하여 전송 처리한 경우 Delay Q에 임시 저장된다.

Entry 화면 1

```
QT

0951 17FEB
QUEUE....SELK1338F.......Q/TTL...ADDS...LQC...IW
Q 1.CONFO  ...................................
....AIR       ...C   1.D1.     3.     4.     0.     1
....OPW TTL   ...C   7.D1.    41.    42.     0.     1
....OPC TTL   ...C   8.D1.    30.    31.     0.     1
....SSR ADPI  ...C  11.D1.     1.     1.     0.     0
....JUNGIM    ...C  25.D1.     7.     7.     0.     0
....JUNGIM    ...C  26.D1.    15.    15.     0.     0
Q 2.KL     ...................................
....JUNGIM    ...C  25.D3.     1.     1.     0.     0
....JUNGIM    ...C  26.D1.     2.     2.     0.     0
Q 3.OPTION ...................................
.................C   0....    15.    17.     0.     2
Q 7.SKEDCHG...................................
....ASC       ...C   1.D1.     2.     2.     0.     0
....JUNGIM    ...C  26.D1.     3.     3.     0.     0
Q 8.TKTG   ...................................
....JUNGIM    ...C  26.D1.    11.    11.     0.     0
Q12.XTL    ...................................
JUNGIM          .C  26....     8.     8.     0.     0
```

3) 특정 Q 번호 및 Category 번호 조회

QS9	QS : Queue Start 기본지시어 9 : Queue 번호
QS2C25D3	QS : Queue Start 기본지시어 2 : Queue 번호 C25 : Category 번호 25 D3 : Date Rage 3

Entry 화면 1

```
> QS2C25D3

** QUEUE CYCLE COMPLETE **
KL      - JUNGIM                    Q2 C25 D3    (0)
RP/SELK1338F/SELK1338F                RS/SU  12FEB15/1021Z   YR4EN4
2187-6302
  1.YU/JONGSANGMR   2.CHOI/YOONHOMR   3.LIU/JINGZIMR
  4 AP 031-915-6302TOUR LEADERS YANG
  5 APM 010-9187-6302
  6 TK OK29JAN/SELK1338F
  7 RME SMS FOR KE 881/25FEB W/L CHK (SENT OK-10FEB15
       1850L)/SELKE06PN WSRC 10FEB1850L
  8 RME SMS FOR TTL INFO (SENT OK-11FEB15 1058L)/SELKE06PN WSRC
       11FEB1115L
```

4) Q Entry 정리

지시어	의미
QE2C25D1	2번 Q의 25번 Category, 1번 Date rage로 전송
QE/OfficeID/60C1	해당 office, 60번 Q의 1번 Category로 전송
PNR 조회 → RTG → QXP3	Q 전송 취소
QT	현재 시스템에서 Active한 Q만 조회
QCR	Q Reset 하기
QN	해당 PNR/Message 제거 및 다음 작업할 PNR 자동조회
QD	Q 작업 보류 및 현재 PNR을 Q의 맨 뒤 순서로 보내기

지시어	의미
QI	조회 중인 PNR/Message 작업 무시하고 Q 작업 종료하기
QF	PNR 수정 완료하고 Q 체크 작업 종료
QR77	77번 내 Category0의 모든 PNR/Message 제거
QA5C2	QA : 기본지시어, 5번 Q로 Category 2개 생성
QK4	QK : 기본지시어, 4번 Q 삭제
QV0	QV : 기본지시어, 특정 Q에서 작업할 PNR 목록조회
QVR	Q Planner 조회하기

Queue Handling

QTQ	Total Q Count
QCR	Q Count Reset
QC87	Q Count for a specific Q#
QCA	Q Count for all PNR and Messages by sign
QC1CE	Display Q Count and all Categories
QS	Plus Q# to access the Q.
QS97C2	Access Q97 category #2
QD	Ignore and display next message.
QI	Ignore message and come off Q.
QN	Remove the Q message completely.
QE	Main entry to place a PNR or message on a Q.
QU	Redisplay a message.
QR	Remove all PNR/messages from specific Q,

5) Queue Bank

Dual Q : HE Queue → GP INT → MS85 → "Date Ranges permitted YES"
→ Queue Description에서 Queue별 Page 참조

HE QUEUE

Entry 화면 1

```
> HE QUEUE

                        QUEUES INDEX          EN   10MAY12 1321Z

 HE QUEUES

 FOR INFORMATION ABOUT   ENTER    FOR INFORMATION ABOUT    ENTER
 ---------------------   -----    ---------------------    -----
 INTRODUCTION TO QUEUES  GP INT   KEYWORDS OR QUICKPATHS   GP QPS

 ACTIONING QUEUES        GP ACT   DELAYING PNRS/MESSAGES   GP DLY
  DELAY PNR/MESSAGE      GP DLY   DELETING CATEGORIES      GP DEL
  EXIT QUEUE             GP EXT   DELETING QUEUES          GP DEL
  IGNORE PNR/MESSAGE     GP EXT   EXIT QUEUE               GP EXT
  REMOVE PNR/MESSAGE     GP NXT   HOTEL SEGMENT MESSAGES   GP HOT
  START QUEUE            GP STR   IGNORING PNRS/MESSAGES   GP EXT
 ADDING QUEUES           GP ADD   MONITORING QUEUES        GP MON
 BROWSING QUEUES         GP BRO   NICKNAMES                GP NIC
 CHANGING QUEUES         GP ADD   OPTION ELEMENT            HE OP
 CLEARING QUEUES         GP REM   OPTION PLANNER           GP SUM
 COUNT DISPLAY           GP COU   PLACING PNRS/MESSAGES    GP PLA
 DATE RANGES             GP INT   PLANNER                  GP SUM
 DELAY PLANNER           GP SUM   PRINTING QUEUES          GP PRI
                                                              >MD
```

GPINT

Entry 화면 1

```
> GPINT

                    QUEUES: INTRODUCTION  EN  22AUG13 1243Z

 FOR AN EXPLANATION, PLEASE ENTER:  MS043

 RELATED TOPICS                                    REFERENCE
 --------------                                    ---------
 QUEUE TYPES                                            MS85
 QUEUE BANKS                                            MS85
 DELAY DATE/DELAY TIME QUEUE                           MS127
 QUEUE DESCRIPTIONS                                    MS169
   QUEUE  0 - GENERAL                                  MS169
   QUEUE  1 - CONFIRMATION                             MS190
   QUEUE  2 - CONFIRMATION FROM WAITLIST               MS232
   QUEUE  3 - OPTION                                   MS253
   QUEUE  4 - RESPONSIBLE OFFICE CHANGE                MS295
   QUEUE  5 - RATES                                    MS316
   QUEUE  7 - SCHEDULE CHANGE                          MS337
   QUEUE  8 - TICKETING                                MS358
   OUEUE  9 - OTHER AIRLINE CONTROL                    MS422
```

MS85

Entry 화면 1

```
 0  -  GENERAL
 1  -  CONFIRMATION
 2  -  WAITLIST CLEARANCE                                  >MD
>

> MD

                         QUEUES: INTRODUCTION  EN  22AUG13 1243Z

 3  -  OPTIONS
 4  -  RESPONSIBILITY CHANGE
 5  -  RATES
 7  -  SCHEDULE CHANGE
 8  -  TICKETING/TIME LIMIT
 9  -  OTHER AIRLINE CONTROL
 12 -  EXPIRED TIME LIMIT
 14 -  PURGED PNRS
 23 -  REQUEST FOR REPLY
 25 -  MULTILIST PNRS
 26 -  MULTILIST PNRS
 80 -  PREPAID TICKET ADVICE
 87 -  GROUP PNRS
 94 -  MESSAGE - CUSTOMER PROFILES
 95 -  MESSAGE (TO BE DEFINED)
 96 -  MESSAGE - PAST DATE RECORDS
 97 -  MESSAGE
```

제 3 절 요금조회하기

1 요금조회방법

TOPAS가 사용하는 System은 다양한 Option을 사용한 공시운임의 조회가 가능하며, 항공사, 날짜, Booking Code, Global Indicator 등의 지정을 통한 운임조회가 가능하며, 별도 Option을 추가하지 않는 경우는 YY Fare 기준, 현재 날짜와 출발도시의 Currency가 적용된 조회내역이 보여지도록 기본값이 설정되어 있다.

```
FQDICNBKK/D24DEC/AKE/IX
```

- FQD: 기본 Entry(Fare Quotation Display)
  ICNBKK: 출발도시/도착도시
  D24DEC: 출발일자
  AKE: 운임항공사(A:Airline. KE: Korean air)
  IX: 낮은 운임부터 높은 운임까지 전체 보기

```
FQDICNBKK/D24DEC/AKE/IX
```

```
FQDICNBKK/24DEC/AKE/IX
BA  BI  BR  CA  CI  CX  CZ  GA  GS  TAX   MAY  APPLY
HU  IT  KA  KL LH  LJ  MH  MI  MU  SURCHG MAY APPLY-CK RULE
NX  NZ OZ  PR QF SQ  TG VA VN
WY XF  3U /YY*AC AF AK  BG CA
24DEC13*24DEC13/KE ICNBKK/NSP;EH/TPM  2286/MPM  2743
LN  FARE BASIS   OW    KRW  RT  B  PEN  DATES/DAYS  AP  MIN  MIX  R
01 EHEKS              720000   E    + S13SEC    28FEB  +  -  6M   R
02 HHEKS              800000        +S13SEC     28FEB  +  -  6M   R
03 MHEKS              920000   M    +S13SEC     28FEB  +  -  12M  R
04 MHEKS1             921800   M    +S13SEC     28FEB  +  -  12M  R
05 BHEKS              1070000  B    +S13JAN     28FEB  +  -  12M  R
```

코드	의미
LN	Line Number
FARE BASIS	운임코드
OW	One Way Fare
KRW	통화코드
RT	Round Trip Fares
B	운임공시 항공사 적용 Booking Class
PEN	Penalty 적용 NRF: Non-Rdfundable P50: 50% Penality –: Penality 없음 +: Penality 있음
DATES/DAYS	Date: 출발인 Season 적용. Days: 출발 요일 적용
AP	사전 구입조건(Advance Purchase) +: 제한사항이 더 있음을 나타냄 –: 제한사항이 없음을 나타냄
MIN	최소 체류기간
MAX	최대 체류기간
R	운임계산방식 M: Mileage System Fare R: Routing System Fare

연습문제

1. 다음 PNR 업무처리 시의 설명 중 틀린 것은?

① 수신된 PNR Queue 방에서 사용하지 않는 4번의 Queue Number 삭제 시 지시어는 QK4이다.

② 20번 PNR Queue로 들어가는 Entry는 "Q S20"이다.

③ Queue 내의 PNR 중 별도 조치가 필요 없는 PNR을 해당 Queue에서 제거하는 Entry는 "QN"이다.

④ Queue 작업 중지 Entry는 "QXI"이다.

2. 다음의 조건으로 승객의 PNR을 작성하고, 신하균 승객의 복편 예약을 10월 25일로 변경 SPLIT하여 PNR ADDRESS(예약번호)를 쓰시오.

(예약 변경자 : 승객본인, BOOKING CLASS 준수, 왕복여정)

1. 승객(4명) : 승객본인, 신하균, 손예진 신유아(남아, 2012년 8월 1일생)
2. 여정
   10월 05일 서울-홍콩 ECONOMY CLASS (KE)
   10월 23일 홍콩-서울 ECONOMY CLASS (KE)
3. 전화번호
   토파스 여행사 전화번호 02-123-5000
   신하균 집 전화번호 02-333-3535
4. DATA
   손예진 복편 당뇨식 신청
   아기바구니 신청

3. 아래 조건에 부합하는 가장 저렴한 운임의 KE Booking Class를 고르세요.

1. 3월 1일 출발 ICN-AKL-ICN KE항공
2. 체류기간 10개월, 일반석
3. 예약후 즉시 발권

① E ② H ③ M ④ B

4. Split 기능에 대한 특징 및 유의사항을 설명한 내용이다. 올바르지 않은 것은 어느 것인가?

① 동일한 PNR 내에 있던 승객 중 일부 승객의 여정이 취소되거나 변경되는 경우 필요한 기능이다.

② Split가 완성된 뒤 최초 작성된 PNR을 ORIGIN PNR이라고 하고, 새롭게 분리된 PNR을 Split PNR이라고 부른다.

③ 분리된 Sprit PNR상에서는 ORIGIN PNR의 존재여부를 확인할 수 없다.

④ DIVIDE 작업 중 중간저장 기능을 지시하는 지시어는 "EF"이다.

5. 다음 PNR 상단에 있는 Tag 문구를 전부 설명하시오.

① ---AXR---

② ---NHP---

6. 다음의 조건으로 PNR을 완성하여 기록(2개)을 쓰시오.

```
승객 : 1. 본인 2. 유재석 3. 강남 4. 박명수 5. 노홍철
여정 : 1. 20NOV 서울-싱가포르 KE 이용 Y-CLS
       2. 25NOV 싱가포르-서울 KE 이용 Y-CLS
DATA : 연락처 02-111-2222
작업완료 후 2번 유재석 승객과 노홍철 승객 총 2명은 복편 여정 취소
```

7. 예약기록을 작성 중 아래처럼 -NHP-상태가 되었으나 TPE-ICN 구간 복편 여정을 1번 승객(PARK/BONGSOO)에게 할당하고 예약기록을 완성하는 절차를 쓰시오.

```
                        *** NHP ***
RP/SELK1338F/
 1.PARK/BONGSOOMR   2.KIM/JUNGHYUNMR
 3 KE 691 Y 09JAN 6 ICNTPE DK2 0910 1100 09JAN E 0 333 M
   SEE RTSVC
 4 KE 692 Y 15JAN 5 TPEICN DK1 1210 1535 15JAN E 0 333 M
   SEE RTSVC
   WARNING : THIS SEGMENT IS 332 DAYS IN THE FUTURE
 5 AP 02-111-2222 YANG
```

제10장

기타 여행서비스 예약하기

제 1 절 호텔, 렌터카 예약

1 배경

호텔은 약 240호텔 체인사와 58,000여개의 호텔들, 렌터카 약 49개 이상의 CAR COMPANY를 보유하고 있다. TOPAS를 통해 호텔 CRS와의 직접 연결로 항공예약과 더불어 호텔 예약이 가능하다.

2 대한항공 직영호텔 예약

대한항공 직영호텔은 국내 인천 Hyatt Regency 인천, 제주 KAL, 서귀포 KAL 호텔 및 하와이의 Waikiki Resort Hotel과 LA의 Wilshire Grand Hotel이 있으며, 대한항공 마일리지를 공제하여 무료 숙박을 이용할 수도 있다.

3 호텔예약시스템 실습

1) AVAILABILITY

지정도시의 지정일 Hotel 가능 LIST 조회

```
HA LAX 10oct-18Oct
```

호텔 리스트 조회 응답화면

Entry 화면 1

```
> HA LAX10OCT-18OCT

US LAX CA        ALL AREAS            SA  10OCT15-18OCT15     OCC:1
                                              AR  CUR
  1 YX!LERMITAGE BEVERLY HILLS                 W  USD
                                        =!    322.15-6899.00
  2 SB!SOFITEL LA AT BEVERLY HILLS             W  USD
                                        =!    323.10-539.35
  3 XO!THE LONDON WEST HOLLYWOOD               N  USD
                                        =!    429.00-2949.00
  4 PN!THE PENINSULA BEVERLY HILLS             W  USD
                                        =!    550.00-2345.00
  5 DT!DOUBLETREE BY HILTON LOS ANGEL          D  USD
                                        =!    199.00-324.00
  6 MU!MILLENNIUM BILTMORE HOTEL LAX           D  USD
                                        =!    200.00-4879.00
  7 YX!FIGUEROA HOTEL                          D  USD
                                        =!    259.00-299.00
  8 HI!HOLIDAY INN INTERNATIONAL ARPT          A  USD
                                        =!    108.99-234.00
  9 IL!AMERICAN INN AT DOW                     N  USD
                                         !     82.79-89.99
```

Room Type

DBLB : Double Bed Room

ONDL : 온돌 Room

TWNB : TWIN BED Room 이용

MLDB : 마일리지로 Double Bed Room 이용

MLON : 마일리지로 온돌 Room 이용

MLBF : 마일리지로 호텔 조식 추가

MLTW : 마일리지로 Ocean View Double Bed / Twin Bed

MLPL : 마일리지로 호텔로 Parlor Suite / Executive Parlor Room
MKDB : 마일리지로 호텔로 KAL Club Room Double Bed

GUI(Graphic User Interface)에서만 예약 가능하며 별도의 등록 작업이 필요하다. 지불 방법은 선불식(Prepay), 후불식(Guarantee)이 있지만 주로 선불로 운영된다.

2) 호텔화면 접속하기

- 메인페이지 → 예약파일 생성 → 호텔 아이콘 클릭
- PNR에서 항공예약 후 호텔예약 추가 시 : 예약파일 보기 → 호텔 아이콘 클릭하면 다음과 같이 검색 화면이 표시된다. 항공편 일정이 있는 경우 체크인, 체크아웃 일자는 해당 PNR 항공편 날짜로 자동 설정되며 변경도 가능하다. 검색화면에서 해당 도시 코드 또는 이름을 입력 후, 체크인 날짜와 체크아웃 날짜를 선택한 다음 〈검색〉버튼을 클릭한다. 도시 코드를 모르는 경우에는 영문 일부만 입력하면 목록이 표시되며 선택하여 진행이 가능하다. 추가 검색 옵션 버튼을 눌러 더 자세한 검색 조건의 추가도 가능하다.

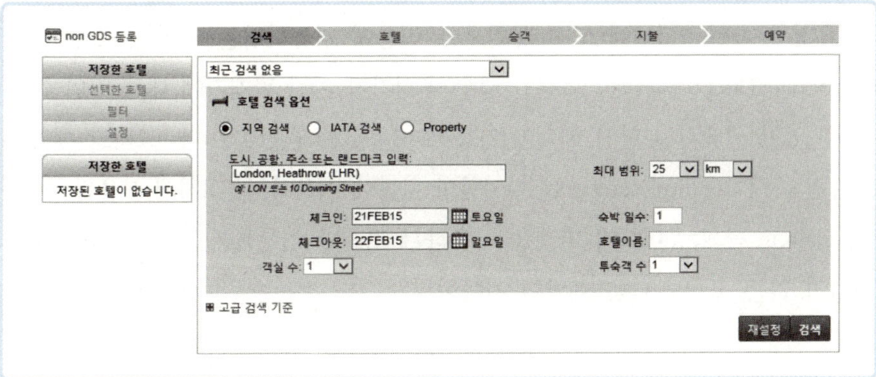

제 2 절 렌터카(Rent a Car) 예약방법

1 렌터카(Rent a Car) 예약방법

1) 렌터카(Rent a Car) 예약의 특징

먼저 렌터카를 이용할 경우 편리한 점은 차량요금 선택이 자유롭고, 부가서비스 요청과 14일 이전 예약 시 할인요금 적용이 가능하다는 점이다. 또한 CDP (Corporate Discount Price) 회원일 경우 공시가가 아닌 판매가에 대해 할인을 받을 수 있어 실제적인 할인 혜택이 가능하다는 것도 좋은 점이다. 그리고 예약이 끝나면 즉시 Confirm Number를 부여받아 나중에 이용 시 편리하게 사용할 수 있다. 그리고 꼭 항공비행기 티켓을 이용하는 고객만 이용하는 것이 아니라 항공 여정이 없는 고객도 CAR 예약이 가능하다.

2) Car Availability & Rates 조회

Entry 화면 1

```
> CA CJU1JAN-3JAN/ARR-1000-1900
  ① ②      ③             ④
CA CJU1JAN-3JAN/ARR-1000-1900
**AMADEUS CARS RATE AVAILABILITY**  CHECK POLICIES: USE CT OR CR
CJU JEJU/KR:JEJU INTERNATIONAL
ARRIVAL:FR01JAN16/10:00    RETURN:SU03JAN16/19:00
                  A TYPE WEEKEND-KRW ESTIMATED-KRW KM/M  CHRG S
 1T ZE+HERTZ      R EDAR    +34000 *     112200 *   UNL    .00 .
 2O SX+SIXT         EDAR   +129150       142065     UNL    .00 .
@-RATE CONVERTED *-EXTRA HOUR/DAY MAY APPLY +-C/A PLUS RATE
=-EXACT MATCH    &-UPSELL    >-ALTERNATE
NO MORE ITEMS
```

① CA : Rent a car Availability 조회

② CJU : 공항 코드(제주)

③ 01JAN-03JAN : Pick Up Date, Drop Date(임대기간)

④ ARR-1000-1900 : Pick up 시간(10:00), 반환시간(19:00)

2 차량 유형 코드

1) 차량 유형 코드

차량 유형 코드

차 등급	차 유형	Transmission	에어컨 조건
M : Mini	C : Car	A : Automatic	R : Air Conditioning
E : Economy	W : Wagon	M : Manual	N : No Air Conditi-oning
C : Compact	V : Van		
S : Standard	L : Limousine		
I : Intermediate	S : Sports		
F : Full Size 4-Door	T : Convertible		
L : Luxury	F : 4-Wheel Drive		
X : Special	X : Special		

2) Code 조합

① ECAR : Economy / Car / Automatic / Air Conditioned

② COMR : Compact / Car / Manual / Air Conditioned

③ SVAR : Standard / Van / Automatic / Air Conditioned

3) Information Field

Information Field는 기본 HE CAR를 통해 Location List나 정책, 가격, 판매 방법 등을 확인할 수 있다.

(1) HE CAR

Entry 화면 1

```
> HE CAR

                      CAR INDEX            EN    9MAY14 1403Z

 HE CAR

 FOR INFORMATION ABOUT    ENTER     FOR INFORMATION ABOUT    ENTER
 ---------------------    -----     ---------------------    -----
 INTRODUCTION             GP INT    KEYWORDS OR QUICKPATHS   GP QPS

 CAR AVAILABILITY/RATES   GP AVA    AVAILABILITY OPTIONS     GP OPT
 CAR CODES                GP COD    CAR GROUPS               GP CCG
 CAR LOCATION LIST        GP LOC    CAR LOCATION POLICY      GP CPO
 CAR MATCH/ALT/UPSELL     GP MAT    CAR RATE FEATURES        GP RAT
 CAR SELL/RESERVATION     GP SEL    CAR SELL OPTIONS         GP SE2
 CAR TERMS/RULES          GP TER    CAR VOUCHERS             GP VOU
 CHANGE/CANCEL BOOKINGS   GP CHA    EASY SHOPPER/LEISURE     GP EAS
 SCROLLING IN CARS     HE SCROLL    CAR OFFERS               HE OFR

 INDEX FOR HE CAR XX   HE CAR 1A    INFORMATION PAGES FOR CARS
 HELP PER CAR COMPANY HE CAR XX     -INTRODUCTION            GG CAR
                                    -CAR COMPANY XX       GG CAR XX
```

차량 정보 코드

Special Equipment Code	
LDP : Laser Di S K Player SNO : Snow Chains PHN : Mobil Phone BYC : Bicycle Pack	SKV : Ski Equipped Vehicle LUG : Luggage Pack TVi : Television TAP : Cassette Player

4) Confirmation

예약과 동시에 바로 Confirm을 받으며, Car Segment에 Rental 요금, Car Model 등 필요 정보가 Advice 된다. 확약(Confirmation) 시 알아두면 편리한 용어를 정리해 보면 다음과 같다.

① RG : Regular

② WY : WeeklyRate

③ WD : Weekend Rate

④ DY : Daily Rate

⑤ MY : Monthly Rate

⑥ XD : Extra Day Rate(3시간 초과)

⑦ RC : Rate Code

⑧ D : Daily Rate

⑨ XH : Extra Hour Rate(3시간 이내)

⑩ XD : Extra Day Rate

⑪ UNL : 사용 마일 제한 없음

⑫ MI : 해당요금으로 사용 가능한 마일

⑬ KM : 해당요금으로 사용 가능한 킬로미터

3 GUI를 이용한 렌터카 예약하기

TOPAS SellConnect에서는 33개의 자동차 회사와 33,000의 자동차 픽업장소(Pick up Station)을 보유하며 다양한 차종과 운임을 제공하고 있다.

렌터카 지불은 대부분 Guarantee(후불)로 운영되고 있으며, 커미션의 경우 호텔처럼 별도의 정산 업체가 운영되지 않고 있다. 커미션은 예약 시 입력한 IATA 번호에 따라 렌터카 업체에서 추적하여 지급하고 있다. 렌터카 예약은 4단계로 이루어지며, 항공(Air Seg) 없이 예약 가능하다.

렌터카 화면을 접속하여 메인 페이지에서 새 예약 파일을 클릭하여 차량 아이콘을 클릭하면 다음과 같은 차량 예약 화면이 활성화 된다.

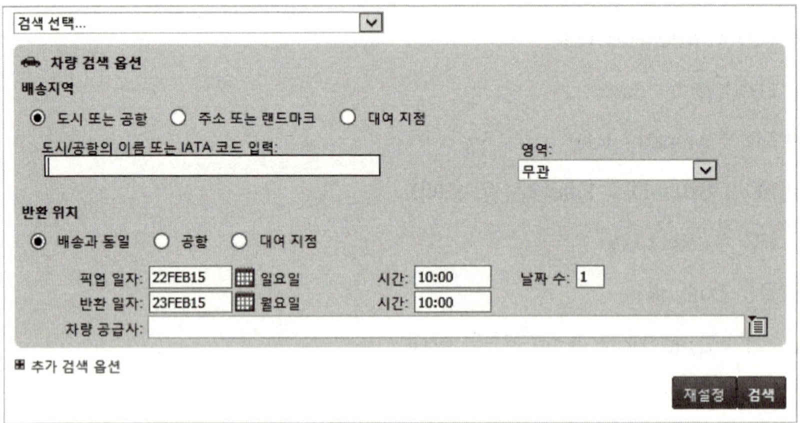

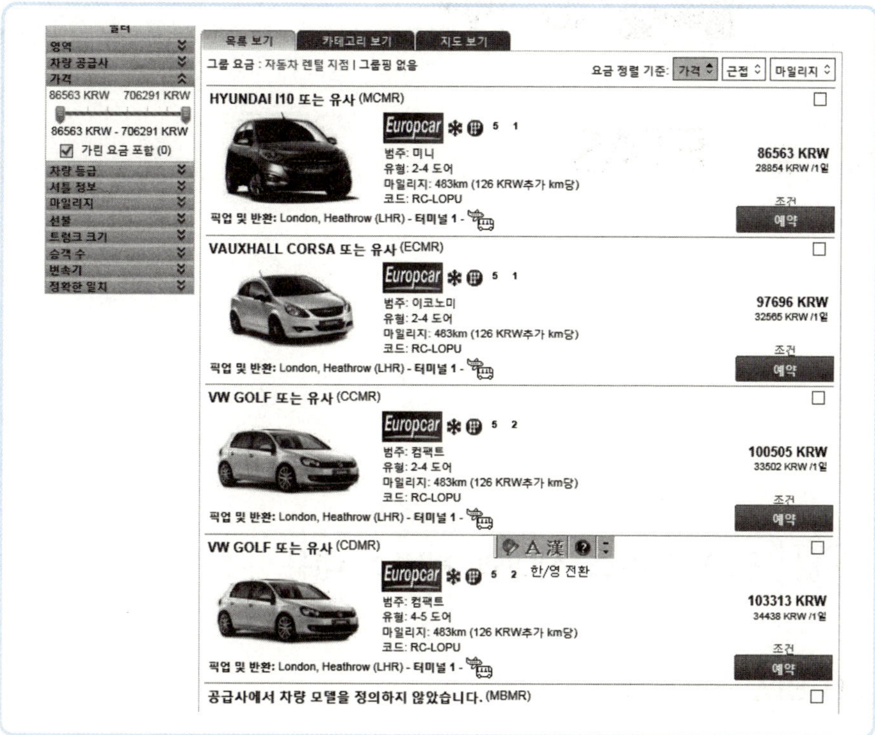
목록 보기
카테고리 보기
지도 보기
영역
차량 공급사
가격
86563 KRW 706291 KRW
86563 KRW - 706291 KRW
가린 요금 포함 (0)
차량 등급
셔틀 정보
마일리지
선불
트렁크 크기
승객 수
변속기
정확한 일치
그룹 요금 : 자동차 렌털 지점 | 그룹핑 없음
요금 정렬 기준: 가격 근접 마일리지
HYUNDAI I10 또는 유사 (MCMR)
Europcar
범주: 미니
유형: 2-4 도어
마일리지: 483km (126 KRW추가 km당)
코드: RC-LOPU
86563 KRW
28854 KRW /1일
조건
예약
픽업 및 반환: London, Heathrow (LHR) - 터미널 1 -
VAUXHALL CORSA 또는 유사 (ECMR)
범주: 이코노미
유형: 2-4 도어
97696 KRW
32565 KRW /1일
VW GOLF 또는 유사 (CCMR)
범주: 컴팩트
100505 KRW
33502 KRW /1일
VW GOLF 또는 유사 (CDMR)
한/영 전환
유형: 4-5 도어
103313 KRW
34438 KRW /1일
공급사에서 차량 모델을 정의하지 않았습니다. (MBMR)

제 3 절 ETAS[1]

1 ETA 서비스 정의와 서비스 내용

1) ETA 서비스 정의

호주 이민국과 SITA과 공동 개발한 시스템으로 항공사 또는 CRS시스템을 이용하여 호주 비자 신청과 승인, 조회가 가능한 종합시스템(DIMA : The Department Of Immigration And Multicultural Affairs For The Australian Government)이다.

2) ETA 서비스 내용

승객이 항공사 또는 여행사를 통해 항공권 예약 및 구매 시 비자를 신청하면, TOPAS를 이용하여 승객의 여권번호·국적 등의 기본 자료 입력을 통해 비자를 신청할 수 있다. 이는 즉시 호주 이민국으로부터 비자 승인을 받음으로써 탑승수속 시 신속한 비자확인 및 호주 도착 시 신속한 입국 심사가 가능한 제도이다.

1) 조희정·원종혜·최미선(2008). 항공예약실무, 한올출판사, Pp. 241~246.

3) ETA 서비스 흐름

① TOPAS를 통한 호주 Visa 신청 및 승인 확인
② 탑승 수속 시 시스템으로 Visa 취득 여부 확인 및 탑승 수속 기록 송부
③ 호주 도착 후 System을 통하여 신속한 입국(Immigration)사열

4) ETA 서비스 가입국가

한국, 일본, 미국, 캐나다, 싱가포르, 호주, 벨기에, 덴마크, 핀란드, 프랑스, 독일, 그리스, 홍콩, 아이슬란드, 이태리, 룩셈부르크, 말레이시아, 모나코, 노르웨이, 포르투갈, 싱가포르, 스페인, 스웨덴, 대만, 영국, 미국, 바티칸 등

5) ETA 형태 종류

(1) ETA 비자 종류(3가지)

① V : 관광 또는 친지 방문으로 1년 유효한 3개월 복수비자, 무료
② BL : 장기 상용 비자 방문으로 최대 10년으로 여권 만료일까지 유효한 3개월 복수비자
③ BS : USA 또는 Canadian 여권을 소지한 상용 방문 및 단기 비즈니스 방문자, 3개월 단수 비자
④ 기타 : 이민, 학생 등의 특별한 비자는 호주 대사관을 통해 발급함

(2) ETA Entry 종류(4가지 TYPE)

① TIETAR : Request, ETA 신청
② TIETAQ : Entry, ETA 유효 여부 조회
③ TIETAH : History, ETA 내역 조회, 수정, 취소
④ TIETAC : Check, 탑승 수속 시 ETA 확인

2 MASK를 이용해 ETA 신청하기

1) 호주를 처음 방문하는 승객의 ETA 신청인 경우 방문비자 (V : Visitor ETA)

- 국적 : 한국 · 성명 : 홍길동 · 생년월일 : 1969년 1월 1일
- 출생지 : 한국 · 여권번호 : 1234567 · 여권만료일 : 2020년 12월 23일
- 여행목적 : 관광

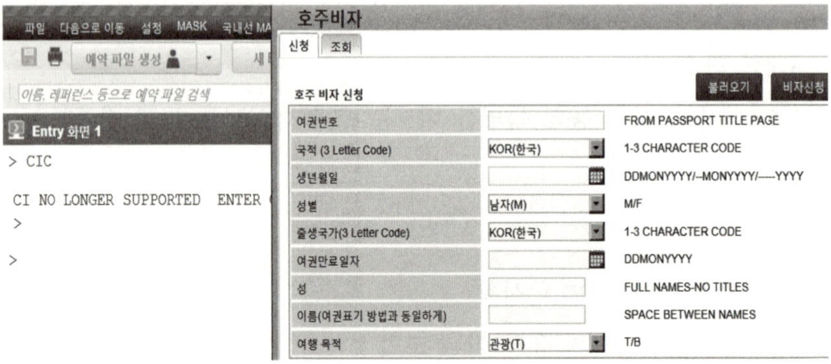

① Passport Number : 여권번호는 알파벳 + 숫자로 최대 14자리까지 가능(한국 여권인 경우 숫자 7자리)

② Nationality & Country Of Birth : 국적과 출생국가는 2~3자리 알파벳(2 ISO 코드 또는 3 ICAO 코드)

③ Date Of Birth & Expiry Date : 생년월일과 여권만료일 "DD MON YYYY" 또는 "-MON YYYY" 또는 "YYYY" 형태 모두 가능

④ Sex : 성별은 남성일 경우 "M," 여성인 경우 "F"로 표시

⑤ Family Name : 성은 호칭 없이 입력(Mr. Ms. Dr. 등은 생략)

⑥ Given Name : 이름은 Space로 구분입력(예 : 길동인 경우 "GIL DONG")

⑦ Type Of Travel : 선택 가능한 여행형태 3가지(V / BL / BS) 중 하나 선택

ⓐ V(VISA) : 관광 또는 친지 방문, 3개월 단위 1까지 유효한 복수비자, 무료

ⓑ BL(Business Long : 장기 상용 방문으로 3개월 단위 여권만료일까지(최대 10년) 유효한 복수비자, 비용은 1명 당 AUD 60.00로 ETA시스템을 이용, 신용카드로 지불해야 한다.

ⓒ BS(Business Short) : USA 또는 Canadian 여권을 소지한 상용 방문에 한해서 적용, 1년 유효 3개월짜리 1회 체류 허용하는 단수 비자, 무료

부 록

예약 Quick-Guide

부 록 예약 Quick-Guide

DECODE/ENCODE	
도시/공항	DACLON DACLHR DANLONDON DANHEATHROW DANLON* (LON으로 시작하는 도시목록 확인) DANLONDON/S (LON 인근 지역 확인)
주	DNSUSCA DNSCALIFORNIA
국가	DCFR DCFRANCE
항공사	DNACX DNACATHAY PACIFIC DNA160(CX Numeric Code)
기종	DNE744 DNEBOEING DNEAIRBUS DBNYC
Multi Airport	DMJFK-EWR DMDL/JFK/10AUG(항공사/공항/날짜지정)
최소연결시간(MCT)	DMI(PNR SEG가 있는 경우 전체 SEG의 MCT 조회)
Local Time	DD
특정 도시 Time	DDROM

Availability(예약 가능 편) 조회	
기본 조회	AN15MAYSELBKK
시간 기준 지정	AN15MAYSELBKK1500
Arrival Time 기준 조회	AD25OCTMADNYC
Elapsed Time 기준 조회	AA25OCTMADNYC
KE 포함 AVBLTY 모두 조회	AE25OCTMADNYC ANKE15MAYSELTYO AN15MAYSELTYO/AKE
최대 6개 항공사 지정 조회	AN30SEPLONSYD/ABA, QF, EK

NON STOP ONLY	AN15MAYSELDFW/FN
DIRECT ONLY	AN15MAYSELHNL/FD
CONNECTION ONLY	AN15MAYSELDFW/FC
경유지 지정	AN10MAYSELPDX1400/XLAX
경유지, 항공사 지정	ANUA10MAYSELPDX/XLAX AN15MAYSELDFW/FC
경유지 지정(2개)	AN10MAYSELSAO/XLAXMEX
특정일, 시간 복편 동시 조회	AN10MAYSELTYO*20MAY2P (복편 2pm 한 시간 전 스케줄부터 조회)
항공사 Direct Access 조회	1XXAD1SEPSELHKG(XX-항공사)
특정 항공사로 Direct Access 조회	AN1SEPSELHKG ➔ ACL3
Sky Team Alliance 조회	AN*S20MARSELBKK

Availability(예약 가능편) Option 조회	
추가 AVLTY 조회	MD
Move Down First Part/Second Part	MDF, MDS
Move Up First Part/Second Part	MUF, MUS
Original AVBLTY	MPAN
3일 후 동 구간 AVBLTY 조회	AC3
현 조회 화면에서 1일 이전 AN 조회	AC-1
12월 1일 동 구간 AVBLTY 조회	AC01DEC
09시 기준 AVBLTY 조회	AC0900
Redisplay AVBLTY	MOAN
선행 AVBLTY의에서 목적지 지정 AVBLTY	AC/NHKG
항공사를 TG로 변경하여 조회	AC/ATG
현 조회 화면에서 복편 조회	ACR
복편 구간 09시 기준 조회	ACR0900
3일 후 복편 조회	ACR3
12월 10일 복편 구간 AVLBTY 조회	ACR10DEC
Flight 정보 조회	DO2 (2-라인번호)

Schedule(스케줄) 조회	
기본 조회	SN10SEPSELTYO
Departure Time 기준 조회	SD10SEPSELTYO
Arrival Time 기준 조회	SA10SEPSELTYO
Elapsed Time 기준 조회	SE10SEPSELTYO

Time Table 조회	
기본 조회	TN10SEPSELTYO
기본 조회 화면에서 1주일 단위로 조회	MN
1주일간의 특정 항공사 Time	TN10JULSELSFO/ASQ

Table 조회	(최대 6개 항공사까지 지정 가능)
1주일간의 모든 항공사 Time Table 조회	TN10JULSELSFO/AYY
역방향 Time Table 조회	TCR

여정(Itinerary Element) 작성

개인(INDIVI)	AVBLTY 조회 후 좌석 요청 SS1C2 1번 SEG C, 2번 SEG B CLSSS1CB1 1명 예약 연결편 동일 CLS 예약 SS1CC1 또는 SS1C1 0Booking(Long Sell) ➔ SSKE905M21APRICNFRA1 대기자 예약 ➔ SSKE905M21APRICNFRAPE1
단체(GROUP	단체 좌석 예약 SS10G1/SG 단체 0 Booking(Long Sell) ➔ SSKE603G10SEPICNHKGSG10
OPEN	항공편수, 날짜 미확정 SOKEMLAXICN 항공편수 미확정 SOKEM10SEPLAXICN 두개 항공사 OPENSOSKBA/C20SEPSTOLHR ARNK 입력 SI ARNK
여정 변경	3번 여정의 날짜 12월 10일로 변경 SB10DEC3 4번 여정의 편수 KE652편으로 변경 SBKE652*4 전여정의 CLASS Y CLASS로 변경 SBY
여정 취소	전 여정 취소 XI 일부 여정 취소 XE1, 3(1번, 3번 여정만 취소) XE1-3(1번~3번 여정 취소)

이름(Name Element) 입력

성인(Adult)	기본 예약NM1LEE/TOPASMR 동일성 승객 동시입력 ➔ NM2LEE/TOPASMR/SOONSHINMS 다른 이름 동시입력 ➔ NM1LEE/TOPASMR1CHO/GODAMS
소아(Child)	기본 예약 NM1LEE/SOAHMSTR(CHD/13JAN06) DOB 생략 NM1LEE/SOAHMSTR(CHD)
유아(Infant)	기본 예약-보호자와 다른 성인 경우 ➔ NM1LEE/TOPASMR(INFKIM/BABY/13JAN13) 기본 예약-보호자와 동일 성인 경우 ➔ NM1LEE/TOPASMR(INF/BABY/13JAN13)
이름 삭제	개인 승객 이름 삭제 XE1 (1번 승객 삭제)
단체(GROUP)	단체명 입력 NG15TOPAS/TOUR 실제 승객명 입력 NM1LEE/TOPASMR 입력된 승객 명단 확인 RTN

이름 삭제(GROUP SIZE 유지) 3G(3-승객 번호)
이름 삭제(개별이름 삭제) XE2(2-Element 번호)
성명 수정 NU1/1CHOI/KODAMR
NO NAME 승객 감원 XE0.3(3명 감원)

전화번호(Phone Element) 입력	
여행사 전화번호	AP02-123-4567-A
핸드폰 번호	APM-010-2131-3413
사무실 번호	APB-02-123-4567
집 전화번호	APH-02-6347-1234
FAX 번호	APF-02-726-1234
이메일 주소	APE-EMAIL@EMAIL.NET
Office Profile에 저장된 번호 입력	AP
전화번호 삭제	XE6

발권 시한(TK Element) 입력		
발권 시한 지나도 SEG 유지	TKTL	TKTL19DEC
발권 시한 지나면 SEG 취소	TKXL	TKXL19DEC
예약 후 즉시 발권	TKOK	

예약 의뢰자(Received From) 입력		
기본 입력	RFP	RFPAX

FACT Element 입력	
OSI 입력	OS BA HOLLYWOOD MOVIE STAR/P1
SSR 입력	SR VGML, SRVGMLKE, SRVGML/P1
Group Fact	SR GRPF KE-GV10
좌석점유 유아	SR INFT-13JAN13/P2
APIS 입력	SR DOCS KE HK1-P-GBR-012345678-GBR-20JUN73-M-14APR19-CHANG-YANG/P1/S3

Remarks 입력	
General Remarks(모든 여행사 조회 가능)	RM Free Text
Corporate Remarks(RX 입력한 여행사, EOS 권한 여행사 조회 가능)	RX Free Text
Confidential Remarks(RC 입력한 여행사만 조회, 수정 가능)	RC Free Text

PNR 저장 및 조회	
PNR 저장	ET
PNR 저장 및 Retrieve	ER
예약 코드 정리	ETK
예약 코드 정리 후 PNR Retrieve	ERK

PNR 정리 및 Display	RT
이전 작성한 PNR Retrieve	RTPP
PNR 번호로 조회	RT0123-1234
승객 이름으로 조회	RT/HONG/GILDONG ➔ RT4
	RT/HONG/G ➔ RT4
출발일 및 승객 이름으로 조회	RT/10DEC-HONG ➔ RT4
편명, 출발일, 승객 이름으로 조회	RTKE651/10DEC-HONG
유사 명단으로 되돌아오기	RT0(숫자 0)
PNR Display 상태에서 해당	
항공사 PNR 조회	RL
PNR 번호 변경	RSVN/1234-1231(변경번호)

PNR History	
History 조회	RH
Q History	RHQ
History 조회(Q History 포함)	RH/ALL(RH+RHQ)
Air Segment만 조회	RHA
FACT만 조회	RHG
Phone만 조회	RHJ
Name만 조회	RHN

PNR Split	
2번 승객 Split	SP2 ➔ RFPAX ➔ EF ➔ RFPAX ➔ ET

Group Booking	
단체명 입력	NG20TOPAS/PTY
여정	AN30SEPSELBKK/AKE ➔ N20G1/SG
	SSKE652G10OCTBKKSELSG20
전화번호	AP 02-726-6871; APM-010-1234-1234
Group Fact	SR GRPF KE-GV10
저장	ER
실제 승객명 입력	NM1LEE/TOPASMR
입력한 승객 명단 확인	RTN
입력한 승객명 삭제	2G(RTN 확인 후 2번-실명 승객 삭제)

Queue	
Q 전송	QE8C1D1(같은 Office)
	QE/OFFICE ID/8C1D1 (다른 Office)
Q 전송 취소	PNR 조회 ➔ RTQ ➔ QXP3(3번 라인)
Q Count	QS8CE(8번에 존재하는 모든 Q)
	QS8CA(Active 카테고리만 조회)
다음 PNR 조회	QD
Q에서 제거, 다음 PNR 조회	QN ET
Q 작업 종료	QI

항공예약 자격증

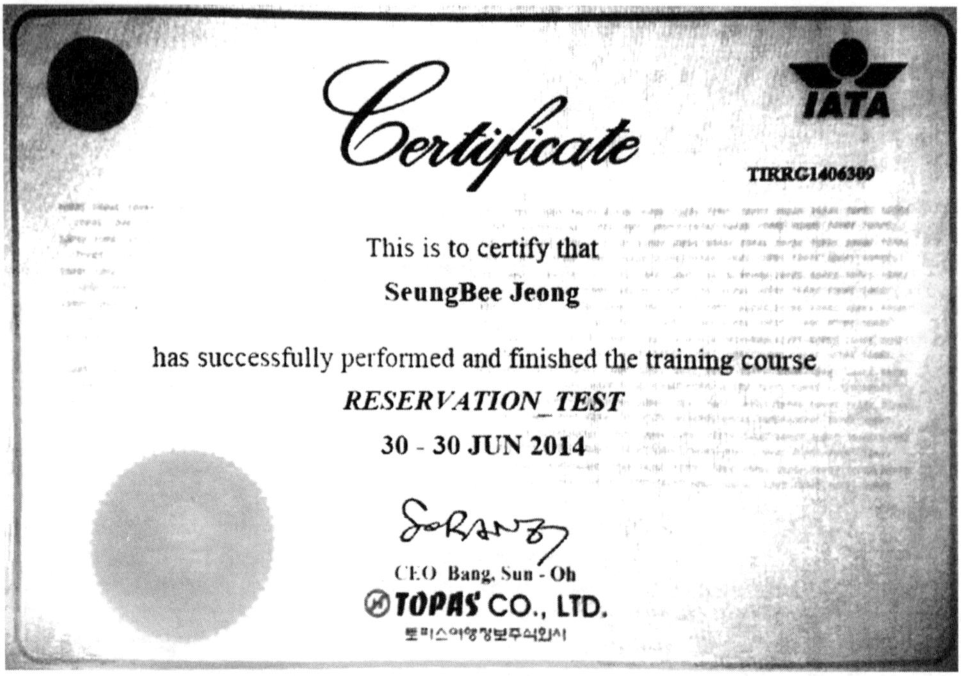
Certificate

IATA

TIRRG1406309

This is to certify that

SeungBee Jeong

has successfully performed and finished the training course

RESERVATION_TEST

30 - 30 JUN 2014

CEO Bang, Sun - Oh

TOPAS CO., LTD.

토파스여행정보주식회사

참고문헌

강혜숙(2007). e-티켓 시대의 항공예약발권, 대왕사.

김기홍 · 조인환(2005). 여행항공실무, 한올출판사.

김정하 · 김소은(2008). 신항공예약연습, 백산출판사.

박시사(2008). 항공사경영론, 백산출판사.

서 선(2009). 항공여객예약실무, 백산출판사.

이선희 · 손병모(2006). 최신 항공예약발권실무론, 대왕사.

이지영 · 이병윤 · 윤선정(2014). GDS항공예약실무, 한올.

장양례(2006). 항공예약실무실습, 한국학술정보(주).

장양례 · 양정임(2012). 항공예약실무, 백산출판사.

조영신 · 김선희 · 양정미 · 인옥남 · 이승현 · 문희정 · 최정화(2011). 항공객실업무론, 한올출판사.

조희정 · 원종혜 · 최미선(2008). 항공예약실무.

최기종 · 박상현(2003). 토파스 항공예약실습, 백산출판사.

토파스 여행정보(2011). 예약.

하동현 · 조문식 · 김영규(2010). 여행사경영론, 대왕사.

허국강 · 이휘영 · 김세완(2003). 항공여객 예약발권 실무론. 기문사.

대한항공 홈페이지(http://koreanair.com)

아시아나항공 홈페이지(http:www.flyasiana.com)

토파스 여행정보 홈페이지(http:www.topas.net)

저자약력

양정임

현재, 숭의여자대학교 관광과 교수 재직
신흥대학교 관광경영과 겸임교수 역임
경희대학교 호텔관광학부 외래교수 역임
세종대학교 호텔관광학부 외래교수 역임
(주)투어리더스 항공 대표 역임
(주)탑항공 본부장 역임

장양례

현재, 숭의여자대학교 관광과 교수 재직
인하공업전문대학 관광과 외래교수 역임
백석문화대학 관광통역과 외래교수 역임
관광종사원 관광통역안내사 출제위원
관광종사원 국내여행안내사 출제위원

NCS 기반의 최신항공예약실무

2015년 3월 10일 초 판 1쇄 발행
2016년 2월 25일 개정판 1쇄 발행

저자와의 합의하에 인지첩부 생략

지은이 양정임 · 장양례
펴낸이 진욱상 · 진성원
펴낸곳 백산출판사
교 정 편집부
본문디자인 오양현
표지디자인 오정은

등 록 1974년 1월 9일 제1-72호
주 소 경기도 파주시 회동길 370(백산빌딩 3층)
전 화 02-914-1621(代)
팩 스 031-955-9911
이메일 editbsp@naver.com
홈페이지 www.ibaeksan.kr

ISBN 979-11-5763-060-8
값 17,000원